民國文化與文學研究文叢

民國文化與文學 研究文叢

初 編

李 怡 主編

第 5 冊

意義的生成
——現代中國文學作品細讀集（下）

李 今 著

國家圖書館出版品預行編目資料

意義的生成——現代中國文學作品細讀集（下）／李今 著——
初版 — 新北市：花木蘭文化出版社，2012〔民101〕
目 2+150 面；19×26 公分
（民國文化與文學研究文叢 初編：第 5 冊）
ISBN：978-986-254-882-0（精裝）
1. 中國當代文學　2. 文學評論
541.26208　　　　　　　　　　　　　　　　　101012596

特邀編委（以姓氏筆畫為序）：

丁　帆	王德威	宋如珊
岩佐昌暲	奚　密	張中良
張堂錡	張福貴	須文蔚
馮　鐵	劉秀美	

民國文化與文學研究文叢
初　編　第　五　冊　　　　　ISBN：978-986-254-882-0

意義的生成——現代中國文學作品細讀集（下）

作　　者	李　今
主　　編	李　怡
企　　劃	北京師範大學民國歷史文化與文學研究中心（籌）
	四川大學民國文學暨海外漢學研究中心（籌）
	現代中國文化與文學研究中心
總 編 輯	杜潔祥
印　　刷	普羅文化出版廣告事業
出　　版	花木蘭文化出版社
發 行 人	高小娟
聯絡地址	新北市永和區中正路五九五號七樓
	電話：02-2923-1455／傳眞：02-2923-1452
網　　址	http://www.huamulan.tw 信箱 sut81518@gmail.com
初　　版	2012 年 9 月
定　　價	初編 18 冊（精裝）新台幣 30,000 元

意義的生成
——現代中國文學作品細讀集（下）

李　今　著

目次

頹廢文化的遺留
——關於穆時英小說中頹廢女人的形象和意象

上世紀末的女性幻象

　　「這樣，G 先生就把在現代性中尋找和解釋美作為自己的任務，心甘情願地去描繪花枝招展的、通過各種人為的誇張來美化自己的女人，不管她們屬於社會的哪個階層。」〔註1〕波德萊爾所說的這位 G 先生，很可以換成中國的新感覺派，正是在這點上，他們明顯地和英法以及日本的唯美頹廢派而不是日本的新感覺派同氣相求。

　　波德萊爾的論「女人」以及他所創造的「惡的特殊美」的女性形象的「惡之花」，代表了 19 世紀晚期到 20 世紀初期經過科學，尤其是心理學、達爾文進化論的洗禮和證明之後，有關女人本性的幻象，也成為唯美頹廢派所追求的一種藝術境界。關於女人波德萊爾如是說：

> 這種人，對大多數男子來說，是最強烈、甚至（我們說出來讓哲學
> 的快感感到羞恥吧）最持久的快樂的源泉；……這種像上帝一樣可
> 怕的、不能溝通的人（區別是，無限之不能溝通，是因為它蒙蔽和
> 壓垮了有限，而我們所說的這種人之不可理解，可能祇是因為跟她
> 沒有什麼可以溝通的）；這種人……是一頭美麗的野獸，……她身上
> 產生出最刺激神經的快樂和最深刻的痛苦；更確切地說，那是一種

〔註1〕　波德萊爾：《現代生活的畫家》，收入《波德萊爾美學論文選》（郭宏安譯，人
　　　　民文學出版社，1987），第 508 頁。

> 神明，一顆星辰，支配著男性頭腦的一切觀念；是大自然凝聚在一
> 個人身上的一切優美的一面鏡子；是生活的圖景能夠向觀照者提供
> 的欣賞對象和最強烈的好奇的對象。那是一種偶像，可能是愚蠢的，
> 但是眩目、迷人，使命運和意志都懸在她的面前。〔註2〕

在 19 世紀晚期至 20 世紀初期，女人的確是前所未有地在「文字和形象的領域」成為「欣賞對象和最強烈的好奇的對象」。如果說，在唯美派的代表戈蒂耶的筆下，女人是作為他在「最嚴肅的沉思中所能夢想的純粹美的典型」，為體現他的理想美而被創造出來的，那麼，到 19 世紀末隨著心理學、生理學等科學知識的普及，女人已成為人的獸性和本能的替罪羊，她的「眩目、迷人」的美已作為了毀滅男人的不可抗拒的力量，也就是波德萊爾所說的「使命運和意志都懸在她的面前」，也就是王爾德筆下沙樂美這株頹廢派惡之花的文化內涵。戴斯德拉（Bram Dijkstra）曾經寫過一本《惡之偶像：在世紀末文化中惡女人的幻象》集中搜集了這一時期充斥於繪畫以及詩歌、小說中的女人形象的類型，以大量的資料證明男人是如何思考，怎樣思考女人的，並詳述其中的原因。在美國當代批評界享有盛譽的 R・卡爾教授在他的巨著《現代與現代主義》之中也以相當的篇幅探討了 1885～1900 年在文化領域「向『新女性』發起的大規模進攻」，為我們研究這一時期具有特殊意義的女人的頹廢形象提供了不可缺少的文化背景。

經過研究，戴斯德拉不無驚訝地發現這段時期整個社會似乎都患了女性嫌惡症和關於女人的妄想狂。傳統的具有依附性、溫柔性和純潔的百合花型的理想的女性形象一改而為狂熱的、縱欲的，富於誘惑性，專以捕食掠奪男人為能事的施虐狂和色情狂。卡爾總結說：

> 從戈蒂埃，波德萊爾，巴爾扎克，中經路易斯，都德，佐拉，最後
> 到斯特林堡。在這些作家的作品中，女性現實被誇大了，所以女權
> 主義和女性作用便成了威脅社會的行為方式：女性的食人欲，放蕩
> 不羈的性欲。〔註3〕

叔本華、尼采把女人看作是美人計的誘餌，有著一股不可抗拒的生命力的破壞性，「比較精緻的寄生性」的觀點；弗洛依德對婦女歇斯底里症的研究，甚至受到達爾文把可歸入「精神」類的各種現象追根溯源至自然法則的啓示，「整

〔註2〕 見波德萊爾：《波德萊爾美學論文選》，第 503 頁。
〔註3〕 卡爾：《現代與現代主義》（吉林教育出版社，1995 年），第 251 頁。

個醫學傳統都支持文化所決定的一切」，〔註4〕從科學的角度提出證明，在進化的階梯上女人比男人更為原始，更為固位，女人的大腦比男人的大腦輕六盎司，女人的生理構造和生活比男人更多地集中在，也更明顯地圍繞著性的功能，如果說「男人有性衝動而『女人就是性欲本身』」，〔註5〕所以她們更本能也更情緒化，更像孩子和野蠻人，很難像男人那樣意識到精神的激情和身體的欲望的區別，缺乏這種道德衝突的意識等等。在一個時期人們曾一度認為惡來自外部，而不是內部，波德萊爾在1860年6月26日寫給福樓拜的信中說：「我對於人類的某種突然的行動和思想總不能不假定為由於人類外部的邪惡之力的介入來理解它。」〔註6〕所以他在《致讀者》一詩中寫到：

> 正是惡魔，拿住操縱我們的線！
>
> 我們從可憎的物體上發現魅力；
>
> 我們一步步墮入地獄，每天每日，
>
> 沒有恐懼，穿過發出臭氣的黑暗。〔註7〕

女性正成為應和這種觀念，這種惡魔的實體和象徵。適應這樣的關於女人本性的觀念，把女人和各種動物聯繫在一起的比喻、意象成為這一時期的突出現象。惡女人的形象也不再像過去那樣僅僅作為個別的現象存在著，而是成為了一種概括和定性。戴斯德拉說：「在每一階段的文化史上都大量存在著再現人類和動物界之間聯繫的作品。但沒有哪個時期在探究動物的角色方面，像世紀末這樣方方面面地有意一一對應著科學建立起來的對於女性的敏銳感覺。」〔註8〕他還分析說：

> 已經捲入到由他們自己創造出來的單調、乏味的物質世界中，並且把自己確立為理性文明的希望的19世紀晚期的男人，實際上被束縛在一個和他們超乎尋常的願望毫不相干的毫無刺激的習慣世界和繁文縟節之中。因為是一個理性的人，他們不能承認自己的色情的幻想，但又因為無趣，他們的色情的幻想是豐富無比的。於是近在眼

〔註4〕 卡爾：《現代與現代主義》，第260頁。

〔註5〕 卡爾：《現代與現代主義》，第249頁。

〔註6〕 轉引自波德萊爾著，錢春綺譯《惡之花》（人民文學出版社，1986年）第4頁注釋1。

〔註7〕 錢春綺譯波德萊爾：《惡之花》，第4頁。

〔註8〕 Bram Dijkstra. *I DOLS OF PERVERSITY——FANTASIES OF FEMININE EVIL IN FIN -DE-SIECLE CULTURE.* Oxford University Press. New York. 1986. p319.

前的女人首先就提供給他們想入非非，並且爲他們承擔了罪責。流

行一時的動物性女人的神話正是這樣的產物。」〔註9〕

由此可見，一個時期的哲學家、科學家、文學家共同聯合在一起而形成的關於女人本性的言說的契合，決不是偶然的，而是 19 世紀晚期的「一筆公共文化遺產」，並成爲「一個根深蒂固的歐洲觀念」在國際上流行開來，它不僅遠及美國，也波及到日本，以至中國。

女性與蛇和貓的意象

中國的新感覺派登上文壇時期，已經到了弗洛依德深入人心的時代，他們不必再爲男人的色情的幻想感到難爲情，也不必再堅持那些有關女性的惡毒偏見，不過，他們似乎非常熟悉西方在這一時期關於女人的觀念以及因這種觀念而產生的種種形象和意象，並且受到很大的影響。〔註 10〕最近臺灣學者彭小妍所披露的劉吶鷗 1927 年的日記更可以證明他本人就患上了 19 世紀末的「女性嫌惡症」，那些典型的惡毒攻擊女性的言論成爲他發泄對於妻子不滿的有力理由和根據。他在 5 月 18、19 日日記中忿忿地寫道：

女人是傻呆的廢物〔……〕啊，我竟被她強姦，不知滿足的人獸，

妖精似的吸血鬼，那些東西除放縱性欲以外那知什麼。

我若不害她，她要吃死我了！

女人，無論那種的，都可以說是性欲的權化。她們的生活或者存在，

完全是爲性欲的滿足。……她們的思想，行爲，舉止的重心是「性」。

所以她們除「性」以外完全沒有智識。不喜歡學識東西，並且沒有

能力去學。你看女人不是大都呆子傻子嗎？〔註 11〕

不管是劉吶鷗借題發揮，還是他的私人生活映證了 19 世紀末有關女人本性想像的幻象，可以確定無疑的是他與那個時期的精神文化的深刻聯繫。劉吶鷗《禮儀和衛生》中那位渴慕東方女性的法國先生普呂業說：

西洋女人的體格多半是實感的多。這當然是牛油的作用。然而一方

面也是應著西洋的積極生活和男性的要求使其然的。從事實說，她

〔註 9〕 *IDOLS OF PERVERSITY*，第 304 頁。

〔註 10〕 《都市風景線》，第 133 頁。

〔註 11〕 轉引自彭小妍：《浪蕩天涯：劉吶鷗一九二七年日記》，載 1998 年 3 月臺北《中國文哲研究集刊》，第 12 期。

們實是近似動物。眼圈是要畫得像洞穴，唇是要滴著血液，衣服是要袒露肉體，強調曲線用的。她們動不動便要拿雌的螳螂的本性來把異性當作食用。美麗簡直用不著的。她們祇是欲的對象。〔註12〕

穆時英讓他筆下的人物患上「女性嫌惡症」，也證明了他與19世紀末的一個特殊時期的精神文化的聯繫。那位「被當作了消遣品的男子」當發現他的戀人又讓四周「浮動著水草似的這許多男子」，而對他嫉妒的痛苦擺著「一副不動情的撲克臉」時，就「接連三天在家裏，在床旁，寫著史脫林堡的話，讀著譏嘲女性的文章」。〔註13〕根據卡爾的介紹，斯特林堡正是大力攻擊女性的一個典型代表，他把女性描寫為「專事破壞的『動物』」，認為「她們吃盡了男人的靈魂，如同豺狼舐盡動物的骸骨」。在《一個狂人的辯護》中，斯特林堡甚至直露地把女主人公命名為封‧艾森（德語，essen的音譯，意為「吃」），讓敘述者作為一位自衛的狂人，控訴女人「吸乾了我的腦汁，吞下了我的心臟」，「作為報答，她把我充作一個垃圾箱，她的一切廢物，一切悲歡，一切苦惱，一切焦慮，統統拋入其中」。〔註14〕由此很容易讓人聯想到穆時英的《被當作消遣品的男子》，正像斯特林堡在《一個狂人的辯護》中所使用的意象一樣，貫穿男女主人公之間關係的意象是食物，穆時英把男人比作「辛辣的刺激物」、「朱古力糖，Sunkist（一種橘子的名稱——筆者注），上海啤酒，糖炒栗子，花生米」等消遣品和給排泄出來的朱古力糖渣，這樣，男人是食物，女人是消受者，女人吃掉了男人的本質精華之後，再把他排泄出來。

　　日本的新感覺派和唯美派也都受到攻擊女性的這股風潮的席卷，橫光利一《妻》的這篇小說就寫到雌螳螂吃雄螳螂的情景，並把這個情景比作「夫婦生活上第四段的形態」。谷崎潤一郎更從中國歷史上採來「惡之偶像」的標本，作為「女人的性質」的概括。在《刺青》這篇小說中，那個「膽怯」的，無名無姓，祇以姑娘、女人稱謂的女主人公注視著刺青師父展示給她的一幅暴君紂王的寵妃妲己的畫，「不知不覺之間，眸子發光嘴唇顫動起來。很奇怪的是她的面孔也和妃子漸漸相像起來了。姑娘從那裡尋出了掩蔽著的

〔註12〕劉吶鷗：《都市風景線》，上海書店，1988年，第133頁。
〔註13〕穆時英：《南北極　公墓》（人民文學出版社，1987年），第194頁。
〔註14〕參閱卡爾：《現代與現代主義》第256～257頁。

『自己』來了」。〔註15〕竟至使她招承,「我正像你所推測的畫中那女人的性質」。當被刺青,「做成頂美貌的女人」之後,這女人「輝耀著她像劍光一樣的瞳人」,向創造她的師父宣佈:「你是第一個做了我的肥料了」。〔註 16〕在《麒麟》這篇小說裏,作者讓孔子代表的「德」在與南夫人代表的「惡」與「色」的較量中,以失敗而告終,靈公最終屈服於南夫人的色,而不是孔夫子的德。他在南夫人的懷抱中承認:「我恨你。你是可怕的女人。你是亡我的惡魔。但是我無論如何離不開你。」「靈公的聲音顫抖著。夫人的眼輝耀著惡的花。」〔註 17〕

　　穆時英筆下那些最具新感覺的女性更接近波德萊爾「一頭美麗的野獸」的性質,美麗和獸性是同時並存的混合意象。那個「被當作消遣品的男子」第一次瞧見蓉子就覺得「『可真是危險的動物哪!』她有蛇的身子,貓的腦袋,溫柔和危險的混合物」。在和這位危險的動物的周旋中,開始他還爲不能確認自己「是個好獵手,還是只不幸的綿羊」的身份而惴惴不安,最終無法抵抗蓉子的美而寧願做她的捕獲物,「享受著被獅子愛著的一隻綿羊的幸福」。那位把醉臥在櫻花樹下的墨綠衫的小姐抱回家的紳士,看著「她躺在床上,像一條墨綠色的大懶蛇,閉上了酡紅的眼皮,扭動著腰肢」。Craven「A」警告受著自己誘惑的男主人公,「留心,黑貓是帶著邪氣的」,而當男主人公爲Craven「A」解了五十多顆扣子,八條寬緊帶,「便看見兩條白蛇交疊著」。潘鶴齡先生厭倦了藝術家們相互隔絕的高談闊論,跑到戀人的家裏,「琉璃子蛇似地纏到他身上」。在《夜總會裏的五個人》中,作者形容戀人是從「伊甸園裏逃出來的蛇」,等等。

　　穆時英喜歡在貓和蛇等動物與女人的形體以及品質之間建立起一種直接的聯繫的做法,正是 19 世紀晚期視覺藝術和詩歌小說的流行主題,戴斯德拉在《惡之偶像》中以大量的實例證明了這一點,他說,「在文學中和視覺藝術領域裏一樣,有關女人和動物相像的幻想頻仍不絕,穩步增長,從簡單的比喻(像貓一樣的柔順)一直發展到心理的特徵。」〔註 18〕在女人和動物之間展開想像也正是波德萊爾詩的一個重要內容,在《惡之花》中就有三首專門

〔註15〕谷崎潤一郎著,章克標譯:《谷崎潤一郎集》(開明書店,1929 年),第 9 頁。
〔註16〕《谷崎潤一郎集》,第 15 頁。
〔註17〕《谷崎潤一郎集》,第 38 頁。
〔註18〕 *IDOLS OF PERVERSITY*,第 288 頁。

的詠貓詩，波德萊爾以貓喻女人，所歌詠的貓的「那帶電的嬌軀」，「又深又冷地刺人，彷彿一柄標槍」的眼光，「繞著褐色的肉體蕩漾」的「微妙的氣氛、危險的清香」，還有「含有魅力和祕密」，「像媚藥一樣」的聲音，也都是穆時英所描繪的帶有誘惑性女人的迷人之處並為當時的文人所熟知。章克標曾寫過一篇題為《貓》的散文，發表在葉靈鳳和穆時英編輯的《文藝畫報》的創刊號上，即談到「世上愛貓的文人很多」，頹廢派的先驅「愛倫坡是愛貓的，黑貓又是他的傑作的篇名。波特萊爾不少詩說到他的貓，他的貓也是黑貓」。文中章克標也很自然地寫到貓的「嬌媚」，把貓的「絕塵而馳」的姿態比作「西廂記上的一句警句」。把貓的「溫柔」的叫聲「比之女人體貼入微的迷湯，更令人著迷」。黑貓的意象不僅出現在穆時英的小說中，施蟄存也曾利用這個意象增添《魔道》神祕恐怖的氣氛。

　　蛇的意象是世紀末藝術中的一個典型象徵，普拉茲（Praz）曾把世紀末的社會定義為讚頌「蛇髮女怪之美豔」的年代，它遍佈在波德萊爾的詩中，在那首歌詠讓娜·迪瓦爾之作《跳舞的蛇》中，詩人開篇即呼為「慵懶的愛人」，《惡之花》中一再出現的「豐饒的慵懶」，「慵懶之美」的意象，可以說是唯美頹廢派的女人形象的一個典型的「頹廢之美」的姿態和風度，穆時英的「像一條墨綠色的大懶蛇」的譬喻，正是這種姿態和風度的絕妙的濃縮。在波德萊爾的詩中蛇不僅在外形上，它「按著節拍擺動著的舞蹈」和女人「有節奏地行走」的姿勢；它「軟綿綿」的形狀和女人柔軟的軀幹；它「倒下來」和女人的「玉體橫陳」有著何其相似乃爾的同一性，而且也象徵著永不饜足的「放縱的女郎」，她的眼睛「一點不表示／溫存和愛情」，而是一對「混合鐵和金」的「冰冷的首飾」，代表著無情和美麗的一種性質。這種性質也正是穆時英筆下那些動物性女人的重要特徵，那位把男人當作消遣品的蓉子以「一副不動情的撲克臉」冷觀男人們為了她在吃醋爭鬥；那位自稱為「煙蒂」的妓女，在那個水手的眼中「只冷冷地瞧著他，一張沒有表情的臉」，「一張冷冷的他明白不了的臉」，「一雙滿不在乎的眼珠子，冷冷的」，「還是那副憔悴的，冷冷的神情」。

　　唯美頹廢派在動物和女人的身體和品質之間展開想像的流行主題不僅影響到穆時英，其他的新感覺派也從此獲得靈感。如葉靈鳳在《她們》中描寫男主人公在化裝舞會上豔遇的那位「御著黑遮眼」，神祕而憂鬱的大家貴婦的舉止：「她極優美地將頭點了一點，舒展她蛇一樣的誘人的長臂牽著衣服在一

張椅子上坐下。」〔註 19〕蛇更是黑嬰經常使用的意象,他《女人》中的主人公是「主動以蛇一樣的腰、軟綿綿的肉去換取生活資料的女人」。《傘》中的那位不停地換著男朋友的女主人公也有著「蛇般的身子」。〔註 20〕在《藍色的家鄉》中,作者乾脆直稱女主角:「娃利娜,長長的腰了——蛇!」,〔註 21〕而且反覆重複這一意象,使她的「嬌憨的蛇樣的腰」成為這篇歌詠女性美的小說的主旋律。還有以《獅吼》——《金屋》為中心的「頹加蕩」作家群,邵洵美的《蛇》、章克標的《銀蛇》等顯然都是這樣的產物。

　　強調女人和動物的一致性最根本的目的是要說明她們所具有的誘惑性、放縱和惡魔的力量是固有的,本能的,「墮落植根於女人的天性」。適應這樣的觀念,在強調女人動物性的同時,還強調女人的孩子品性。正像戴斯德拉概括說,當時普遍認為:

> 所有這一切又進一步被『女人是個大孩子』的事實加以擴大,結果,這些以孩子的頭腦操作成人的軀體的大孩子們,『她們的惡的傾向就比男人的更花樣繁多』,只不過一般來說是潛在的,一旦被喚醒激發就會釋放出相當大的力量。〔註22〕

波德萊爾在《跳舞的蛇》中歌詠他的情人也兼詠蛇「那懶得支撐不住的孩子般的頭」,穆時英的那些動物性的女人更頻頻被描寫成「像孩子似的」、「頑皮的孩子」、「那麼沒遮攔的大膽的孩氣」、「那麼稚氣地」、「孩氣的」、「受了委屈的孩子似的」,而且熟讀了弗洛依德的穆時英更懂得抓住釋放潛意識的契機來揭示女性的「本我」。他的《墨綠衫的小姐》就是通過女人的醉態來描寫在喪失了理性的自我的監視下,有著「無饜的」本性的少女毫無遮攔的赤裸裸的表現出的那種「冶蕩」和「頹然」。正是在把女人的本性想像為孩子似的「美麗的野獸」的概括下,可以順理成章地把出現在社會上的現代女性描寫成可以毫無道德感地,比男人更恣意地玩弄異性,既要找一個可愛的戀人填補她們情感的空虛,又要一個有錢的還任由擺佈的醜丈夫做她們生活的保障,另外還需要不討厭的消遣品,「天天給啤酒似的男子們包圍著」,滿足她們的虛榮心。但即使如此,與她們的「惡」同在的是「可以把世界上一切男子都拉

〔註 19〕葉靈鳳:《她們》,載《幻洲》,第 2 卷,第 3 期。
〔註 20〕黑嬰:《傘》,載 1934 年 8 月《婦人畫報》,第 20 期。
〔註 21〕黑嬰:《藍色的家鄉》,載 1934 年 4 月《婦人畫報》,第 17 期。
〔註 22〕*IDOLS OF PERVERSITY*,第 289 頁。

到那兒去的」(《被當作消遣品的男子》),「想把每個男子的靈魂全偷了去似的」(《CRAVEN「A」》)誘惑力。也正是波德萊爾所歌詠的「哦,無情而殘酷的野獸!我愛你,/即使這樣冷冰冰,卻越發顯得美麗!」〔註23〕「你隨手撒下歡樂和災禍的種了,/你統治一切,卻不負任何責任。」〔註24〕

女性與花和月亮的傳統意象的變質

把女人和動物如此緊密地聯繫在一起並不是 19 世紀晚期唯一的特異現象,女人和傳統的「花」、「月亮」之類的意象在這個時期也有著特異的聯繫。戴斯德拉說:「十分清楚,在波德萊爾廣泛的影響下,女人和花之間的聯繫,在世紀末的男人的心目中已經負載了一種不祥的性質。百合花式的處女開始被成排的難以駕馭的和絕對不貞潔的,然而又有著太多的誘惑力的蒲公英和雛菊所取代,它們好像不知羞恥地開放在街道的角落,處於這個世紀轉捩點的文化通道上。」〔註25〕由此,我們也可以聯想到在上海「三十年代的海上花,唱的不復是紅粉知己的調調,而是『薔薇薔薇處處開』……」〔註26〕

穆時英也喜歡以花喻女人,但同樣受著這個時期的女人觀的影響,傳統的純潔美麗的花朵被「踐在海棠那麼可愛的紅緞的高跟兒鞋上」的「一雙跳舞的腳」踩得聲名狼籍。在《被當作消遣品的男子》中,作者這樣描寫蓉子的體態:「把腰肢當作花瓶的瓶頸,從這上面便開著一枝燦爛的牡丹花……一張會說謊的嘴,一雙會騙人的眼——貴品哪!」〔註27〕把「燦爛的牡丹花」和「說謊的嘴」、「騙人的眼」組合在一起,雍容華貴的牡丹花的傳統意象,就成了賣弄和炫耀的騷首弄姿,現代女性「人為的誇張」的暗示。而且這一對女體的精彩比喻也很可能出自法國唯美派作家盧維(Pierre Louys)的《肉與死》,在這本被譯者曾孟樸稱為「纖毫畢現的描寫女體美」,「表現阿普龍精神的造型美」的書中,作者在《但美眺的夢》這一全書的華彩篇章裏,描寫妓女葛麗雪在夢與醉中的達於極至的美:「她的臉和她的雙乳,在花莖般的兩條腿上面,彷彿是三朵碩大而差不多薔薇色的花朵,插在一個錦繡的瓶裏。」〔註28〕這本書在出版前

〔註23〕錢春綺譯《惡之花》,第 65 頁。
〔註24〕錢春綺譯《惡之花》,第 58 頁。
〔註25〕*IDOLS OF PERVERSITY*,第 233 頁。
〔註26〕素素:《前世今生》(上海遠東出版社,1997 年)第 29 頁。
〔註27〕穆時英:《南北極 公墓》,人民文學出版社,1987 年,第 176 頁。
〔註28〕【法】比埃爾·路易著,曾孟樸、曾虛白譯:《肉與死》(嶽麓書社,1994 年),

曾氏父子即做了聲勢浩大的宣傳，不僅就這本書的翻譯在他們主編的《眞美善》第 2 卷第 5 號上發表了劉舞心致曾孟樸的信，還發表了曾孟樸一封長長的《復劉舞心女士書》，〔註 29〕更因爲此書原名爲《阿弗洛狄德》，帶有隱喻葛麗雪的意義，而不吝筆墨寫了一篇一萬多字的「帶小說風的考據文字」《阿弗洛狄德的考索》，「爲了自己譯品做個先導」。而且據講「上海登載文壇消息的幾種刊物，曾經先後用過一種雙簧式的文字給《肉與死》大肆宣傳」。〔註 30〕所以一經出版即「轟傳一時」，更何況與穆時英有著緊密關係的《新文藝》上，也刊登過有關此書的書評，由此可以推測穆時英很可能讀過這本書，作者「崇拜肉體的愛和感覺的美」的觀念以及描寫對穆時英都不會不無影響，即便非此，至少也可以證明穆時英的作品中有著唯美派的遺風吧。

　　另外穆時英經常把女人的嘴唇比做花朵，反覆使用「花朵似的嘴唇」的意象，也給花朵加上了性的誘惑性質。他描寫蓉子「穿著白綢的 Pyjamas（睡衣），髮兒在白綢結下跳著 Tango 的她，是叫我想起了睡蓮的。」〔註 31〕把睡蓮和睡衣、Tango 並置，其寓意也不言而喻。穆時英對女體美的描摹很有些出神入化之筆，不時在他的小說中閃爍著「黃金，雲石，紫色，燦爛，堅實，色澤」的美的光彩。他寫蓉子穿著紫色的毛織物的單旗袍，在校外受了崇拜回來，「雲似地走著的蓉子。在銀色的月光下面，像一隻有銀紫色的翼的大夜蝶，沉著地疏懶地動著翼翅，帶來四月的氣息，戀的香味，金色的夢。」〔註 32〕蝶在中國傳統的意象中本身就有著放浪的寓意，所謂「浪蝶」，但其「疏懶」的姿態，「銀紫色」的色澤卻是典型的唯美頹廢派的標識。在《黑牡丹》裏，穆時英這樣概括被稱作「牡丹妖」的舞娘的氣質：「我愛這穿黑的，她是接在玄狐身上的牡丹──動物和靜物的混血兒！」〔註 33〕和玄狐混血兒的牡丹花更改變了花的性質。穆時英還把墨綠衫小姐一再比作「一朵墨綠色的罌粟花」，花本身所具備的麻醉有毒的鴉片品質自在其中。在《五月》裏作者也一再把蔡佩佩比作「一朵在開放的玫瑰花了」，一下子從「貞淑的女兒」變爲「白熱的女兒」，「蕩婦似地

　　　　第 150 頁。

〔註 29〕劉舞心士是張若穀的一個筆名，不知這位「劉舞心女士」是否也是張若穀，從他與曾氏父子的密切關係來看，很有可能是爲配合《肉與死》的出版而做的宣傳活動。

〔註 30〕補血針：《〈肉與死〉的第一節》，載 1929 年 9 月《新文藝》創刊號。

〔註 31〕《南北極　公墓》，第 196 頁。

〔註 32〕《南北極　公墓》，第 197 頁。

〔註 33〕《南北極　公墓》，第 303 頁。

愛著許多男子」，這裡「開放的玫瑰花」顯然和身體的開放有著同一的所指。

「月亮」的意象在頹廢藝術家的筆下經常是作為一種「頹廢觀點的代表」而出現的。在這些作品中，月亮不時地作為一個殘忍而美麗的女人和一個斷了頭顱的恐怖象徵，並且大多被描寫成紅色。由於月亮有時也會表現得蒼白、病態，所以它也會被表現為白色或者銀色，作為目睹人類的兇殺和墮落行為的不祥的見證人。被譽為「第一個頹廢派的藝術家」歐里庇得斯的《美狄亞》中的美狄亞即是一個被「血色月亮」控制的形象，而在十九世紀末期廣為人知。王爾德的《莎樂美》中的月亮意象貫穿全劇的始終，隨著莎樂美不祥的出場到她跳起死之舞蹈，月亮由「好像一個從墳墓裏走出來的女人一樣」，「尋著死人」的寓言「變得和血一樣的紅了」。穆時英也把象徵著女性陰柔、依附的傳統意象的月亮寫成「緋色的，大得像隻盆子」，緋色不僅本身就有著「輕佻」的含義，如果我們再聯想到月亮所意指的是經常把男人當作雀巢牌朱古力糖，Sunkist，上海啤酒，糖炒栗子，花生米等混在一起吞下去，而患著消化不良症的蓉子，也許還會想到「血盆大口」，月亮作為頹廢觀點的特殊寓意。在《五月》裏，穆時英更露骨地寫到：「下午六點鐘的太陽像六點鐘的月亮似地，睜著無力的蕩婦的大眼珠子瞧著愚園路」。

由此可見，那些傳統的象徵女性美的意象也同樣增添了惡的寓意，戴斯德拉指出，波德萊爾的作品和他富於誘惑性的美的語言有著不可測度的效力，使他的厭女症觀點迅速地為他的同代人所接受，到 19 世紀 90 年代他詩歌的意象主題已經成為大批繪畫的題材而流行一時。

女性與吸血鬼和木乃伊的意象

大約到 1900 年左右，對於許多男性知識份子和藝術家來說，衹是把女人描寫成沒有頭腦的甚至是沒有感情的，其存在衹是作為一種退化的力量對男人施加影響的要旨已經不能令他們滿足。他們進一步要強調，實際上女人更加危險得多，無論從她們的總體特徵上，還是她們欲望的性質方面，女人都和動物是密切的一類，是惡魔的化身。〔註34〕有關女人的這些惡毒的臆想在波德萊爾的作品中都能找到其意象的原型，其最惡毒的比喻莫過於「吸血鬼」的意象了。在《惡之花》中波德萊爾就有兩首以吸血鬼為題的詩：《吸血鬼》和《吸血鬼的

〔註34〕 *IDOLS OF PERVERSITY*，參閱 233～234 頁。

化身》，而其同類的意象在波德萊爾的詩中更是屢見不鮮。他咒詛「嗜吸世人鮮血的女子」，〔註35〕可他又「常常向使人沉醉的酒乞援」，「供殘酷的妓女們吸我的血液」。〔註36〕在《吸血鬼的化身》這首詩中，詩人讓那個吸血鬼的化身的女人「一面像炭火上的蛇一樣／扭動著身體」，一面口出狂言：

> 我有濕潤的嘴唇，我有這種妙術，
>
> 能在臥床深處將舊道德心消除。
>
> 我用我勝利的乳房把眼淚吸乾，
>
> 使年老的人們露出兒童的笑臉。
>
> 對於那些看到我一絲不掛的人，
>
> 我能頂替月亮、太陽和星辰！

而詩人感到「當她把我的骨髓全部統統吸乾，／當我軟綿綿地轉身對著她的臉/要報以愛情之吻，只見她的身上/粘粘糊糊，變成充滿膿液的皮囊！」等詩人再睜開眼皮在烈日下觀看，「那個像儲血的結實的人體模型」，「只剩下殘餘的骸骨胡亂的抖動」。這個令人恐怖的意象也以小說的方式出現在穆時英的筆下，儘管沒有證據說波德萊爾影響了穆時英，但並不妨礙說其類似和進行比較。

穆時英的名作《白金的女體塑像》最初在 1933 年 1 卷 6 期《彗星》上發表時並不是這個標題，也和現在我們看到的這篇大不相同。當時是以《謝醫師的瘋症》為題面世的，僅從題目的變化即可看出最初是以謝醫師為主，而修改後是以白金的女體為重點。在《謝醫師的瘋症》中，有整整一節是《白金的女體塑像》中所沒有的內容。即謝醫師被「每一塊肌膚全是那麼白金似的」的女人打動以後，下班回到家裏，所誘發的一個幻象和所做的一個夢，這可以說和波德萊爾關於吸血鬼化身的女人的臆想同出一轍。在《謝醫師的瘋症》中，謝醫師在診所裏當送走第六位女客，迎來第七位女客時，一開始就直覺地感到「這位女客人一定是一個妖精，一個膩人的妖精」，於是這位「有著貧血症患者的膚色，荔枝似的的眼珠子，詭秘地放射著淡淡的光輝，冷靜地，沒有感覺似地」女客就「穿了黑色的軟綢的旗袍」，而不是像在《白金的女體塑像》中「穿了暗綠的旗袍」。適應著這種陰森詭秘的氛圍，謝醫師的第七位女客是像「雀子踩著枯葉似地」走了近來，而白金的女體則和著「輕柔的香味，輕柔的裙角，輕柔的鞋跟」出現在謝醫師的面前。對於謝醫師來說，白金的女體是一朵病態的花，

〔註35〕錢春綺譯《惡之花》，第 66 頁。

〔註36〕錢春綺譯《惡之花》，第 296、297 頁。

具有殘豔的美，充滿詭異的誘惑；但穿著黑色旗袍的女客卻讓他充滿恐怖，當他為女客診完病，甚至感覺到女客「沒有感覺似的眼光」，「慢慢兒的直滲到他靈魂裏邊。他猛的害怕起來；他瞧見自己猛的跳起來，睜著恐怖的眼，嚷：『滾出去！你這吸血鬼！妖精！』」回到家裏他又被那個女人變成木乃伊「裹住一幅黑色的輕綢裏邊，沒有胳膊，沒有腿，只有一個纖細的腰肢」，慢慢走過來的幻象「嚇得直叫起來，大聲地叫」，「想跳起來，只覺得自己的腿僵了，不能動。」他對那個女人的「吸血的眼珠子」「吸著他的血似地害怕起來」，但這個謎一樣女人的誘惑性對於謝醫師來說，和對她的恐怖一樣大，「骨蛆似地寄生到」他的記憶裏邊，「比頂妖冶的蕩婦還迷人的」，使他這個「把性欲昇華了的單身漢」竟把「那麼非科學的東西」「沉醉地想了兩個鐘頭」，研究了一晚上的「古代防腐劑分解」，結果就夢見自己給那個女人塗防腐劑，那個女人威嚇他「你不把健康還給我，我做了木乃伊會來迷死你的！」還夢到那個女人做了他的妻子，卻告訴他「我是木乃伊呢！」於是這個謝醫師就對一九三三年新的性欲對象有了認識：「木乃伊，一個沒有血色，沒有人性的女體，是異味呢。不能知道她的感情，不能知道她的生理的構造，有著人的形態卻沒有人的性質和氣味的一九三三年新的性欲對象呵！吸血鬼」。

吸血鬼木乃伊的意象正是波德萊爾在《吸血鬼的化身》中在女人和吸血鬼及骸骨之間所展開的臆想。就吸血鬼的意象來說，女人被賦予了施虐者的角色；但木乃伊和骸骨的意象卻是個受虐者，而在這兩個意象中展開臆想的主體謝醫師也交替著施虐和受虐的心理。他以受虐者的瘋狂把女人想像成吸血鬼，妖精，「還有性欲的過分亢進」，又以施虐者的瘋狂把女人想像成木乃伊。他在做了一晚上的夢，第二天見到如約而來照太陽燈的女客時，第一印象就是「她有兩排髑髏那麼灰白的牙齒」，當他得知女客的丈夫是一個運動家，非常強壯的時候，「在他前面的李夫人像浸透了的連史紙似地，瞧著馬上會一片片地碎了的。」給患有未成熟肺病的女客照太陽燈，本來只要露著肺部就夠了，他卻讓把衣服都脫了，看著「黑色軟綢的旗袍和繡了邊的褻裙無力地委倚到白漆的椅背上面，襪子，失去了軀幹的蛇皮似的盤在椅上」。當女客在他的命令下「爬到那細腿的解剖床上」的時候，他為「叫她在自己前面裸了身子的滿足感裏邊陶醉著」。在這裡作者一再提到的「細腿的解剖床」和女客「纖細的腰肢和腳踝」又有著一種同一化的效果，有著「纖細的腰肢和腳踝」的女客仰天躺在了「細腿的」解剖床上，這兩個形象就疊化在一起，

謝醫師施虐的心理不言自明。值得一提的還有謝醫師最初爲這個女客做診斷時，曾想像過「她是怎麼一個人呢？」於是

> （他看見她穿了黑色軟綢的衣服，微微地笑著，拿著一瓶紮了紅綴帶的香檳酒，在公安局的進行曲裏，把酒瓶碰的扔到新落水的 XX 號的船頭上。）

> （他看見她穿了黑色軟綢的衣服，在支加哥博覽會的會場裏，亭亭地站著，胸字首著一條招待員的紅綴帶，在名媛們的新裝湊成的圖案裏邊，一朵名葩似地。）

> （他看見她穿了黑色軟綢的衣服，站在百貨商店文具部的櫃子裏邊，在派克自來水筆上面擺著張撲克臉，用上海南京路的聲調拒絕著一位紈絝子的上逸園去茶園去茶舞的請求。）

> （他看見她穿了黑紗衣服，胸前簪了一球白蘭花，指尖那兒夾著大半截煙枝，坐在裝了三盞電燈的包車上面，淡淡的眼光和燈光一同地往四面流著，彗星似地在掛滿了寫著『書寓』兩字的方燈的雲南路上掃了過去。）

很明顯，這是對一系列活躍在現代都市中的各行女明星（用當時的話來說是「熱女郎」）身影的素描，作者也富有暗示性地提到，「也許木乃伊會在二十世紀的都市裏邊呢」，謝醫師的臆想很可能自覺不自覺地反映了還企望女子保持在被男權文化指定的位置上而不能的男子對於在現代都市中如魚得水的現代女性既恐怖又受吸引和誘惑的矛盾心理，以及由此而產生的施虐和受虐相互交加的病症。劉吶鷗曾分析過這種現象，並把它看作是現代男女的「最摩登」的體現。他認爲：

> 以前女的心地對於萬事都是退讓的，決不主張。於是嬌羞便被列爲女性美之一。這現象是應男子底要求而生的。那個時候的男子都是暴君，征服者，所以他底加虐的心理要求著絕對柔順的女子。但情形變了。在現在的社會生存競爭裏能夠滿足征服欲的男子是九十九%沒有的。他一次，兩次，累次地失敗著，於是慣於忍受的他的心裏頭便起了一種變化，一種享樂失敗，被在迫得被虐心理。應著這心理而產生的女人型就是法國人之所謂 garsonne。〔註37〕短髮男裝

〔註37〕法語，具有男子氣的女人。

的 sport 女子便是這一群之代表。她們是真正的 go-getter。要，就去拿。而男子們也喜歡終日被她們包圍在身邊而受 digging。然而男子這兩種相反的性質卻是時常混合在一塊兒，喜歡加虐同時也愛被虐。這當然是社會的及心理的原因各半。這一來女子方面卻難了。這兒需要從來所沒有的新型。〔註38〕

這種新型的女子正是中國的新感覺派所致力於尋找的現代性，施虐和受虐也正反映了現代男子「雙重的心理享受」。小說以謝醫師矛盾的心理收尾：

「她的身影給門隔斷了的時候，謝醫師解鬆了領帶和脖子那兒的襯衫扣子，拿手帕抹了抹臉，逃出了危險的境遇似地。可是給她的蓬鬆了的頭髮上聯想到剛才的裸姿，對於這位吸血的木乃伊又眷戀起來。『白金的塑像呵！』那麼地太息著。」

這正是在天真與淫蕩，甘美和毒素，溫柔和罪孽，既愛又恨，既快樂又恐怖的兩極中無從把握現代的女性，無從把握現代的性質，發自現代人的分裂的情感和靈魂的歎息。

值得注意的是，把女人和木乃伊吸血鬼相同化而在現代男子的內心形成恐怖的意象，刺激他們衰弱的神經這種心理的病症並非穆時英所獨有，施蟄存《魔道》中患有神經衰弱症的敘述者在車上遇見的龍鍾的婦人、朋友的妻陳夫人以及咖啡女身上所展開的有關會魔法的妖婦、緊裹著白綢的木乃伊全都爬出來，曳著拖地的長衣行走在柏油路上的臆想，還有關於這些古代的精靈「既然能夠從上古留存到中古，那當然是可以再遺留到現代的。你敢說上海不會有這種妖魅嗎？」的聯想；《夜叉》中的卞士明由一渾身白色的女人而引發的一系列關於那個「一世紀以來還未滅掉的」美麗而怖厲的夜叉的幻象，最終引誘他做了殺人犯，扼死了一個赴幽會的鄉下女人，造成「過度的恐怖而神經錯亂」。另外還有《旅舍》、《宵行》等都把關於女人的意象和形象並存於美麗和死亡、引誘和罪惡之間，如果我們再聯想到施蟄存的《特呂姑娘》所反映的現代女性走上社會，當了店員，顯示出比男人更能勝任這項職業所給予男性的打擊，以至使男性聯合起來共同採取報復行為，發泄他們的仇恨的行為，就能夠為這些荒誕的幻想找到當時社會現實的依據。可以說它們都曲折地反映了現代女性角色的變化給還未適應這種變化的現代的男子所造成的心理壓力和對於他們脆弱的神經的刺激。

〔註38〕劉吶鷗：《現代表情美造型》，載 1934 年 5 月《婦人畫報》，第 18 期。

這種壓力和刺激在當時與已經司空見慣的現在相比是異常的普遍和強烈的，當年王鈍根主編的《新上海》上就曾刊登過一幅題爲「不久的將來」的漫畫，〔註39〕畫面的正下方橫臥著一具骨瘦如柴的男性的屍體，身旁倒扣著的飯碗強調出「沒飯吃了」的死因，而在他的身後是一排頂天立地的女性群像，她們身著三圍畢現的高叉旗袍，一頭短髮英姿勃發，身上寫著科長、科員、教員、行員、律師的字樣表示著是她們奪走了男人的飯碗的主題。她們身後的黑影顯示出這個「不久的將來」即將成爲現實的趨勢方興未艾。這幅漫畫非常清楚地傳達出了當時男人的普遍焦慮。

《謝醫師的瘋症》收入短篇小說集時改名爲《白金的女體塑像》，作者刪除了謝醫師關於吸血鬼和木乃伊以及現代都市女郎的所有幻象，而保留了他有關白金的女體的感覺和描寫，增加了他在白金的女體的刺激下拋棄了鰥夫的生活，而過上了中產階級理想的規範生活的一段。這樣的改動在很大程度上改變了小說的主旨，使表現有關女體的感覺和印象成爲創作的焦點。白金的女體可以說是女性的「頹廢之美」的集中體現。

頹廢美：末世聲色的延續

「頹廢之美」的提出也要追溯到波德萊爾，他在《惡之花》的「憂鬱和理想」一節之五這首詩中，把古代的黃金時代和原始人性與現代做了強烈的對比。作者開篇即深情地寫到：「我愛回憶那些毫無掩飾的時代」，「那時，男男女女度著輕鬆的生涯」，「多情多意的天空撫愛他們的脊梁」，「鍛煉他們身上重要器官的健康」。母親自然「像心裏充滿無偏之愛的母狼」，「讓蕓蕓眾生吮吸她的褐色的乳房」。那時的男子「優美、健壯、強力」，那時的女子是「沒受損傷、沒有裂紋的果實，/又光滑又緊的果肉使人垂涎三尺」。他假設如果詩人面對今天的男男女女「露出他們裸體的場合」，會「爲了沒有衣服而傷心的畸形」，「感到冷氣襲人，打起寒噤」。他慨歎「我們這些腐敗的國民，確有一種/古代民族所不知之美」，「我們具有如人所說的頹廢之美」。在這首詩中作者以黃金時代的原始人爲理想，詛咒現代的「頹廢之美」，但他更在其他的詩篇中對女人的頹廢之美以「病態、活躍，你的一切我都喜歡」〔註40〕的情熱，用他那「戰慄的全身，沒有一根神經不在叫：哦，親愛的巴

〔註39〕載 1933 年 10 月《新上海》第 1 卷，第 2 期。
〔註40〕錢春綺譯《惡之花》，第 93 頁。

力西卜，〔註41〕我愛你！」

　　穆時英在《白金的女體塑像》中繼承了唯美頹廢派崇拜「人體的線條與色澤」，「生命本身的美」的傳統，也繼承了唯美頹廢派把最美的女體奉爲藝術的雕像的最高禮贊，〔註42〕全篇的精華似乎就是爲了捧出這個「把消瘦的腳踝做底盤，一條腿垂直著，一條腿傾斜著，站著一個白金的人體塑像，一個沒有羞慚，沒有道德觀念，也沒有人類的欲望似的，無機的人體塑像」。這個「沒有感覺，也沒有感情」的白金的女體似乎從波德萊爾「把美比成大理石像那樣的無表情，無感覺」的美的理念的描繪上，「從最高傲的雕像那裡」借來了「莊嚴的姿態」，像「石頭的夢一樣美」，「一樣無言、永恒」，可供人頂禮膜拜，讓人在堅實的物質中領略純粹的美的境界。〔註43〕但這又是一朵病態的花：

> 她仰天躺著，閉上了眼珠子，在幽微的光線下面，她的皮膚反映著
> 金屬的光，一朵萎謝了的花似地在太陽光底下呈著殘豔的，肺病質
> 的姿態。慢慢兒的呼吸勻細起來，白樺樹似的身子安逸地擱在床上，
> 胸前攀著兩顆爛熟的葡萄，在呼吸的微風裏顫著。

這是幅集波德萊爾的頹廢之美之大成的畫面，不僅「萎謝了的花」、把乳房比作葡萄的比喻繼承了波德萊爾詩中的意象，〔註44〕穆時英有一篇題爲《葡萄》的散文，提到崛口大學把晚秋的果物，熟透了的葡萄與三十歲女人的沉重的乳房和嘴唇相類比，其「熟透了」的性質正是頹廢派力加渲染的一種頹廢之美的誘惑，而且如果聯想到謝醫師對這位女客的診斷：性欲的過度亢進。再對照波德萊爾面對頹廢的婦女的歎息：「你們女人，唉，蠟一般蒼白，/放蕩養

〔註41〕巴力西卜爲迦南宗教的豐收神，對他的崇拜儀式帶有縱欲的特徵。見錢春綺譯《惡之花》，第 94 頁。

〔註42〕戈蒂耶認爲，「語言是被從未仔細地凝視過女子的背或胸的無賴造成的，於最必不可少的字我們卻一半都沒有。」所以描寫女人的至美也是他向語言的極限的挑戰。在《馬斑小姐》中，戈蒂耶集描寫女性美的語言之大成，讚美他的女主人公馬斑小姐，直到「她一絲不掛地站著，她的落下去的衣服爲她形成著一種座架，在她美麗的赤裸的所有透明的光輝中」，「一個全盛時期的希臘雕像的線條與一個替善雕像的色調」而達到高潮與極至。以雕像比喻女體的美也成爲一種傳統，在波德萊爾、王爾德等的作品中都屢見不鮮。（引文見林微音譯《馬斑小姐》中華書局，1935 年，第 248、371、372 頁）

〔註43〕參閱錢春綺譯《惡之花》的《美》這一首詩及其注釋和郭宏安譯《惡之花》的同一首詩。

〔註44〕見錢春綺譯《惡之花》，第 82、53 頁。

活你們，又把你們損害」，〔註45〕就會看出其間的一致性，領悟波德萊爾所歌詠的「天空又悲又美，像大祭臺一樣；/太陽在自己的凝血之中下沉」〔註46〕的文明和人種的黃昏的意境，體會詩人既眷戀又焦慮的心態。

二三十年代的文壇對於末世的頹廢之美的姿態和性質是深有領會的，與新感覺派有著密切關係的《婦人畫報》上曾刊登過杜格靈的一首詩，題爲《末世的聲色》，〔註47〕歌詠的就是「妒恨凝結而成您的靈魂」，「毒惡的辣味像死亡的光芒」，「驕悍憤吼而出淹沒萬世」的末世的女性，她們「流盼彈響了 Tempo/腳趾的招呼像蛇/軀體的扇動像海豚」的黑色魅力和「緊咬牙齦讓思想去諷刺」，彷彿「埃及傳來的鐵像」使男性「棄了十萬年來的尊嚴」。最後，詩人以字型大小一句大於一句的版式排列爆炸般地喊出：

妒恨是美！

毒惡是美！

驕悍是美！

奸狡是美！

人是上帝！

以肯定人的價值肯定「末世的聲色」。由此，我們也可以把握新感覺派小說中那些帶著末世的聲色的惡之花的特別寓意。

穆時英對於女體的描寫似乎大量的來自波德萊爾，或者說和波德萊爾有著異曲同工之似。他在《CRVEVEN「A」》中以風景喻女人的大段鋪陳與波德萊爾在《女巨人》、《頭髮》、《邀遊》、《午後之歌》等幾首詩中所採取的將自然與情人同一化的處理的路子是一致的。波德萊爾把情人比作「只有豪華、寧靜、樂趣」的美的「國土」，穆時英「仔仔細細地瞧著」Craven「A」，感到「放在前面的是一張優秀的國家的地圖」；波德萊爾把情人的頭髮比作「芬芳的叢林」，穆時英則把 Craven「A」的頭髮說成「一片黑松林地帶」，是「香料的出生地」；波德萊爾歌詠情人「一個喧囂的海港，可以讓我的靈魂/大量地酣飲芳香、色彩和音響」，穆時英也以「重要的港口，一個大商埠」，「堤上的晚霞」、「碼頭上的波聲」、「船頭上的浪花」來暗喻渲染 Craven「A」的身體；波德萊爾把女體和大自然的風貌合而爲一地創造出「女巨人」的意象：

〔註45〕郭宏安譯《惡之花》（灕江出版社，1992 年），第 15 頁。
〔註46〕郭宏安譯《惡之花》，第 69 頁。
〔註47〕杜格靈：《末世的聲色》，載 1935 年 11 月《婦人畫報》，第 34 期。

> 我從容地遊遍她的壯麗的肉體；
>
> 我爬到她雙膝的大坡上面休憩，
>
> 有時，在夏天，當那不健康的太陽
>
> 使她越過郊野疲倦地躺下身來，
>
> 我就在她乳房的陰處懶懶地酣睡，
>
> 彷彿山腳下和平的小村莊一樣。

穆時英在《CRAVEN「A」》中也以大自然的風貌一以貫之，從容地酣暢淋漓地想像描繪遍 Craven「A」的壯麗的肉體，同樣把乳房比作「兩座孿生的小山倔強的在平原上對峙著」，寫到下肢「那片平原變了斜坡」。波德萊爾以自然風景描繪女人的肉體的方法一定使企圖在「戰慄和肉的沉醉」中「尋找和解釋美」而又不流於淫穢的中國新感覺派如獲至寶，劉吶鷗也曾在關鍵片段使用過這種方法，在《禮儀和衛生》中，他描寫啟明觀賞正在做模特的自然的裸體時的感想：

> 他拿著觸角似的視線在裸像的處處遊玩起來了。他好像親踏入了大自然的懷裏，觀著山，玩著水一般地，碰到風景特別秀麗的地方便停著又停著，止步去仔細鑑賞。……他的視線差不多把盡有的景色全包盡了的時候，他竟像被無上的歡喜支配了一般地興奮著。〔註48〕

其他如波德萊爾在《美的讚歌》中歌詠「眼睛像天鵝絨的仙女」，而穆時英也經常使用「天鵝絨似的黑眼珠子」來描繪他的女主人公的美。波德萊爾在《吸血鬼》中以「就像屍體逃不開蛆蟲」來比喻女人的誘惑性，穆時英的謝醫師也奇怪「怎麼就會讓她的誘惑性骨蛆似地寄生到我的記憶裏邊呢？」波德萊爾在《無可挽救的悔恨》中問美麗的魔女「你可知道那種悔恨、拿我們的心/當作射毒箭的靶子？」穆時英「被當作消遣品的男子」也自憐「在她前面我像被射中了的靶子似地的，僵直地躺著。」波德萊爾在《憂鬱》之一首中寫「殘酷暴虐的『苦痛』把黑旗插在我低垂的腦殼上」，穆時英很可能把這句化寫為「五月的季節夢便旗杆上的旗子似地在他身上飄展著」。而且波德萊爾的一些「人物速寫」式的詩也很容易讓人聯想到穆時英那些具有相類題旨的小說，比如波德萊爾描寫狄安娜這個狩獵女神型英姿的《西西娜》和穆時英的《紅色的女獵神》，波德萊爾為某夜在咖啡館裏看到的一個高貴而消瘦，「具有一種嬌憊、落落大方的儀錶」的女人而寫的《骷髏舞》，還有據說是為一個

〔註48〕《都市風景線》，第 126 頁。

「從深沉的眼光裏露出倦怠的神情」，有著「跟肉體同樣成熟，堪稱談情的聖手」的女演員而作的《對虛幻之愛》和穆時英的《黑牡丹》、《CRAVEN「A」》、《夜》等也都有著一種親緣關係。

如此多的形象與意象的相類與相似，即使不能證明穆時英深受波德萊爾的影響，至少也可以說明穆時英在很大程度上承襲了 19 世紀晚期至 20 世紀初期這一特殊的歷史轉折時期，被戴斯德拉稱為在「語言和形象的戰場」向女人發起的一場「文化戰爭」所遺留的觀念、形象和意象的殘骸。如果我們考慮到當時的一批海派詩人和小說家與這一時期唯美頹廢派、象徵派的密切關係，更會斷定這絕不是偶然的。新感覺派聖手穆時英在他的《南北極》改訂本題記和《公墓》自序中都一再「衷心地感激」那些引導他走上文壇，指導他「技巧上的缺點」的幾位朋友，其中他所提到的施蟄存、戴望舒、杜衡、葉靈鳳都是翻譯這個時期現代主義文學作品的主將，並對其大加讚賞。戴望舒在震旦大學時，耽迷於法國象徵派，由於法國神父禁止學生閱讀這類的文學作品，他就「在神父的課堂裏讀拉馬丁、繆塞，在枕頭底下卻埋藏著魏爾倫和波特萊爾」。〔註49〕後來他終於翻譯了《〈惡之花〉掇英》，成為「民國時期最有影響」〔註50〕的波特萊爾詩的譯本，書前法國象徵派詩人、評論家瓦雷里的長文《波特萊爾的位置》，才華橫溢而又十分準確地論述了波特萊爾的命題、超絕的品質，所達到的「光榮的頂點」；他詩的豪奢、形式和極樂，為我們理解 19 世紀末這段特殊的時期提供了一個角度。戴望舒還和杜衡一起翻譯了道生的全部詩歌及詩劇；杜衡翻譯的《道連格雷畫像》，通過亨利‧沃登勳爵這個「可厭的理想人物」的「出色的矯枉者」之口，大段大段地直白著唯美派的人生觀和藝術觀，即使看作宣言也不謂過，這也就難怪葉靈鳳甚至節譯這部長篇中的一段作為他的雜誌《幻洲》中的補白。〔註51〕杜衡還翻譯過戈蒂耶的《格萊奧巴特爾底一夜》。葉靈鳳本人對以王爾德為代表的唯美派更是推崇倍至，他曾以曇華筆名翻譯過戈蒂耶（戈恬）的小說《木乃伊戀史》，甚至當他被警廳檢查拘捕 5 日出獄後，還以王爾德《獄中記》的話自況自慰；〔註52〕他對王爾德的作品和文章非常熟悉，經常引用，先後寫過《紀德關於

〔註49〕 施蟄存：《戴望舒譯詩集‧序》，見《戴望舒譯詩集》，湖南人民出版社，1983年。

〔註50〕 鄒振環：《中國的〈惡之花〉之路》，見《影響中國近代社會的一百種譯作》。

〔註51〕 見 1927 年《幻洲》第 1 卷，第 10 期。

〔註52〕 葉靈鳳：《獄中五日記》，《白夜雜記》，光華書局，1927 年。

王爾德的回憶》、《王爾德〈獄中記〉的全文》、《比亞斯萊、王爾德與〈黃面志〉》、《郁達夫先生的〈黃面志〉和比亞斯萊》、《從王爾德到英外次》、《王爾德案件的眞相》、《王爾德之子》、《王爾德筆下的英國監獄》、《王爾德的說謊的藝術》、《關於比亞斯萊》、《比亞斯萊的畫》、《比亞斯萊的散文》、《比亞斯萊書信集》、《王爾德所說的基督故事》等多篇介紹評論性的文章，更不用說他刻意模倣唯美頹廢的文風和審美趣味了，也正是這種模倣使他擺脫了創造社的感傷情調而更多唯美頹廢的色彩。另外像海派作家邵洵美、章克標編輯的唯美刊物《金屋月刊》和邵翻譯的《琶亞詞侶詩畫集》；夏萊蒂、林微音、朱維基的「綠社」及其刊物《綠》──這個小團體被施蟄存稱爲「在上海新文學史上，算是活動過一個短時期的唯美派、頹廢派」〔註53〕夏萊蒂翻譯過十九世紀末英國頹廢派的傑出詩人道生的《裝飾集》，朱維基翻譯過《道生小說集》，林微音譯過戈蒂耶的代表作《馬班小姐》等等，不一一列舉。周作人說的上海文化「以財色爲中心，而一般社會上又充滿著飽滿頹廢的空氣」，是有著特定的西方頹廢文化背景的。

關於這一點，解志熙在他最近出版的《美的偏至》一書中做了翔實的梳理和研究，最終他得出結論說：「西方及日本唯美──頹廢主義文學在中國的傳播，……在二十年代後期和三十年代初期的幾年間達到了前所未有的廣度和深度」。〔註54〕事實上，這也正是過去爲研究者所忽視了的穆時英及其新感覺派的一個重要的文化背景。他們不僅受到日本新感覺派的影響，同時也熱衷於日本唯美派和英法唯美派的作品。

穆時英對世紀末那一時期的文學也不謂不熟，他在連載於 1935 年 8 月 11 日至 9 月 10 日上海《晨報》的長文《電影藝術防禦戰──斥掮著「社會主義的現實主義」的招牌者》中，以文學史的例子來證明「一切藝術都是生存鬥爭底反映與鼓吹」時談到，資產階級獲得政權以後：

> 等他們在生存鬥爭中占了壓倒的地位，他們便漸漸的保守起來，沉湎於生活趣味，官能享樂裏邊，藝術便趨向於頹廢主義，形式主義，如穆杭，海敏威，考克多，以及出現於戰後的種種踏踏主義，未來主義，意象主義等等裏邊的許多現代的畫家，音樂家，和雕刻家。

〔註53〕施蟄存：《林微音其人》，《沙上的腳迹》，遼寧教育出版社，1995 年，第 154 頁。
〔註54〕解志熙：《美的偏至》，上海文藝出版社，1997 年，第 58 頁。

> 但官能主義，頹廢主義不一定是勝利了並穩定了的人們底戰利品，
> 從生活鬥爭上敗退了下來，淘汰了下來，落伍了下來的人也很容易
> 流入這裡邊去。流行在文壇上的種種世紀末的作品，種種感傷主義，
> 虛無主義都是敗陣後的悲哀。〔註55〕

穆時英把頹廢主義和官能主義歸結爲兩種不同的原因：或是出於在生存鬥爭中勝利後的沉湎和官能享樂；或是出於失敗後的悲哀的沉湎和官能享樂。這一見解沒有對這批作家的瞭解和體會是概括不出來的。特別值得注意的是，在這裡穆時英把19世紀末的文學和第一次世界大戰後的文學聯繫在一起，其聯繫點就是官能主義和頹廢主義。也就是說，穆時英是把我們今天所說的第一次世界大戰後的現代主義文學和世紀末的文學並爲一類的，而且把官能主義和頹廢主義看作是它的重要特徵。這種看法還可以說不僅代表了新感覺派對我們今天所說的現代主義的一種初步認識，對其精神特徵的一種初步把握，也是當時文壇對早期現代主義的一種觀點。在1931年第36至37號的《文藝新聞》上曾連載過大宅壯一著，凌堅譯的《現代美的動向》，文章明確指出「從布爾喬亞文化到達到爛熟期，又漸次帶著破調的傾向，這便是現代主義的。」「現代主義，是滅落的文化中所產生的頹廢的情熱」。這也證明，在三十年代人們還是從頹廢的角度去認識現代主義的。所以，如果說新感覺派是中國第一個現代主義小說流派，那麼，他們所受到的唯美——頹廢主義的影響就更是一個不應缺少的方面，這反映了當時對於現代主義的接受視野和認識。新感覺派的文學翻譯和創作活動在很大程度上都表現出他們對於頹廢主義精神傾向的自覺選擇。

如果我們進一步把前面所分析的所謂現代女性，或者說是新女性形象和現代主義所標榜的個人主義的精神對照起來看，就會出現卡爾所說的「一個寓意深遠的反論」：「現代主義一方面強調個人成功和獨創藝術家，而在另一方面，現代主義的男性巨擘和眾多理論家又都否認婦女的個性。」〔註56〕而且卡爾認爲「當現代和現代主義在上世紀最後15年中開始限定自身時，所有個性之戰中最殘酷的戰鬥（除去猶太人及其在新時期發展中的作用不談）已轉到婦女這方面來」。〔註57〕戴斯德拉也認爲這是在文字和形象的領域向女性

〔註55〕 見1935年8月29日上海《晨報》。
〔註56〕 《現代與現代主義》，第245頁。
〔註57〕 《現代與現代主義》，第245頁。

發動的一場大規模的戰爭，甚至聲明他寫作《惡之偶像》的目的就是想表明，
「支持上個世紀轉折時期向女人發起的這場文化戰爭的知識假設也容許了納
粹德國種族滅絕理論的落實。」﹝註58﹞雖然婦女解放運動直接間接地促成的
新女性的形成代表了「現代主義的突出特點」，但那些現代主義男性作家是肯
定現代文化卻否定現代女性，他們視新女性為「食人魔」、「放蕩不羈的性欲」、
「非理性的破壞力」的「病態的批判」，是「19 世紀末的一種典型釀造」，這
在現代主義內部構成了一種悖論，即「反女權主義的惋惜之物，卻又正是女
權主義者的挑戰對象」。﹝註59﹞也就是說現代主義的男性巨擘所惋惜的女性傳
統身份和作用正是女權主義者所要挑戰的。

　　在今天當我們重新審視十九世紀末的那段文化史時，由於認同女權主義
的觀點，所用語言不免會有些激烈，這是當時的現代主義大師們無法自覺地
意識到的。當年穆時英在拾起這些文化殘骸時，更不可能意識到內中所蘊涵
的反女性主義的傾向。事實上，他的作品更多地繼承了中國才子歷來與風塵
女子有著「同是天涯淪落人」的相知與相契的傳統，因而對於那些冒犯了傳
統的男權文化為女人設定的服從、依附、柔弱位置的現代女性的攻擊不是那
麼的惡毒。即使使用了同一的意象，穆時英更多的是以俏皮代替了詛咒，以
旁觀者的同情與明快代替了身受者的痛苦與沉重。然而也因此淡化了這一特
定歷史時期的文化內涵，喪失了在靈魂和肉體，上帝和魔鬼，美與醜的交戰
和契合中去體驗「超越」的精神的大痛苦和大快樂，以及「樂於前往地獄」，
「歌唱著精神和感官的熱狂」的生命力的契機，與波德萊爾所說的「引導堅
強的人趨向神聖的喜悅」的痛苦失之交臂。穆時英更多地承襲了唯美頹廢派
表現女體美的遺風和經驗，也正是在這方面顯示出與日本新感覺派的截然不
同。日本的新感覺派傾向表現對於醜的感覺和印象，比如片岡鐵兵的《色情
文化》描寫在城裏有著雜居歷史的 A、B 青年和有著「深海的電氣鰻的魅力」
的女人來到村裏後，把城裏的色情文化散佈到鄉村，引起「連綿的小學生」「潑
刺地」「無限地」追隨的令人恐怖的情形和幻象。這樣的題材無論是唯美頹廢
派還是中國的新感覺派都不會放棄對於女體美的描寫，但日本的新感覺派卻
厭惡地描寫這個富有誘惑力的女人，「她的白白的手，在欄杆的上面，像橡皮
一樣地渦卷著」，甚至直露地寫到：「她那樣的存在，為世上的健康和衛生起

────────────

﹝註58﹞ 見 *IDOLS OF PERVERSITY* 的序言。
﹝註59﹞ 《現代與現代主義》，第 246 頁。

見，結局是死了的好。實在，像她那種除了肉體以外什麼行動的動機也沒有的女人的存在是醜惡的，是污濁的本原。是臭惡的本原。」〔註60〕另外，像橫光利一的《拿破侖與輪癬》、《現眼的蝨子》等，都表明日本作家有一種表現生理感官的醜惡和變態的偏嗜，所以儘管穆時英有據可查地受到日本新感覺派的很大影響，但從整體的精神特徵上有著鮮明的差別，當然這是從整體而言，橫光利一寫得明快、俏皮的另一種風格的作品還是和穆時英的同類小說比較接近。正如人們常常說到表現主義是典型的德國現象，印象主義是一種法國現象一樣，作為有著「東方的巴黎」之稱的三十年代上海的產物中國「新感覺派」最具獨特性的創作風貌，更貼近趨向奢侈的享樂、精緻、美的法國式的頹廢，正像英國的唯美派也被認為「在精神上沾著很深的法國色彩」一樣。通過以上的分析，我希望能夠揭示出穆時英小說中那些獨特的意象和現象背後的頹廢文化背景及其遺留。

原載香港嶺南大學《現代中文文學學報》，1998年，第 2 期

〔註60〕吶吶鷗輯譯《色情文化》（上海，第一線書店，1928 年 9 月），第 32、30 頁。

日常生活意識和都市市民的哲學
——試論海派小說的精神特徵

　　「海派小說」這一稱謂雖然已經成爲 90 年代中國現代文學史的一個專有名詞，但對其精神特徵，也就是說，海派小說與其他文學派別相區別的根本，還有待進一步的辨識和把握。本文試圖從海派小說所表現出的相當一致的人性觀、凡人意識，甚至可以說是俗人意識，及其日常生活意識〔註1〕來揭示海派小說獨有的現代精神特徵。

以人的世俗性消解「歷史對象」的光環

　　海派小說的精神特徵是建立在海派作家對於人的觀念的特殊把握和認定上，這不能不提到弗洛伊德的影響。海派作家對弗洛伊德的接受往往是以歷史英雄、文化界的偉人和宗教聖人所代表的人的理想價值的神話爲其對立面的，他們消解批判的是超越常人的英雄偉人所標舉的理想和神聖的價值。

　　施蟄存是一位深受弗洛伊德影響的作家，他因「想在創作上獨自去走一條新的路徑」而創作的歷史小說集《將軍底頭》，不僅自認「不過是應用了一些 Freudism 的心理小說而已」，〔註2〕別人也認爲「與弗洛伊德主義的解釋處

〔註1〕　本文所說的「日常生活意識」主要是指爲維護自我的生存和後代繁衍而進行的日常活動，以及個人在其現實環境中爲解決這個自我維護的問題而進行的實用的經濟的自利的日常思維。
〔註2〕　施蟄存：《我的創作生活之歷程》，《燈下集》，開明書店，1937 年第 79～81 頁。

處可以合拍」。〔註3〕這些說法似無不當之處，但更爲細緻的辨析會使我們更進一步接近也許施蟄存本人也未曾明確地意識到的他蘊涵在精神分析之後的價值取向。

《鳩摩羅什》的本事在《出三藏記集》和《高僧傳》中都有記載，就其行爲事件來說，施蟄存的創作基本上遵循了典籍所載的人物史實，所以他的歷史小說被特別看作是「純粹的古事小說」。但是他畢竟不是在寫歷史，與典籍所載的本事相對照，最明顯的是熟悉並深信弗洛伊德心理分析學說的施蟄存爲這位高僧增添了心理動機的內容，「從對人深層內心的分析來說明人的行爲」，〔註4〕不僅展示了道和愛的衝突，更進一步顯示出在道和愛之後的世俗心理和動機。《鳩摩羅什》是從後秦王姚興西伐呂隆成功後，鳩摩羅什受其相邀和妻子趕赴長安，就任國師寫起，一路上他反省的是自己與表妹龜茲王女的一重孽緣，而妻子的客死旅途終於使他們的孽緣「完盡了」，也使他不再爲自己「已經變成一個平凡的俗人」而擔憂，他開始自信「他將在秦國受著盛大的尊敬和歡迎而沒有一些內疚」。到此爲止，施蟄存寫的的確是愛和道義的衝突。但到了長安以後，鳩摩羅什並沒有像他所企望的那樣，眞的做到「一塵不染，五蘊皆空」，反而時時受著一個完全「沉淪了的妖媚的」妓女的誘惑。爲此，國王賜他宮女，又爲了「廣弘法嗣」，「賜妓女十餘人」。這樣，「日間講譯經典，夜間與宮女妓女睡覺」的鳩摩羅什，爲了堅定人民和僧人對他的信仰，就不得不「竭盡他的辯才」，去爲自己辯護，竟至不惜使用術士「吞針」的旁門左道來哄騙世人。這時，鳩摩羅什才認出自己，不僅對於情愛不專一，而且「非但已經不是一個僧人，竟是一個最最卑下的凡人了。現在是爲了衣食之故，假裝著是個大德僧人，在弘治王的蔭覆之下，愚弄那些無知的善男子，善女人和東土的比丘僧，比丘尼」。施蟄存對於鳩摩羅什的進一步審視，事實上是進一步無情地揭開了高僧內心的愛和道義的衝突的面紗。他通過不時攪亂鳩摩羅什的妻子、妓女、宮女的幻象疊印的類比手法，暗示出妻子、妓女、宮女之於鳩摩羅什同等的「性」的意義；而鳩摩羅什眞的是那麼執著於「道」嗎？他被逼無奈以魔法維持自己的地位和威望的行爲已經說明，他不過是「爲了衣食之故」而傳道。可見，施蟄存所寫的鳩摩羅什的所謂的愛

〔註3〕 《〈將軍底頭〉》（書評），1932年9月《現代》第1卷第5期。

〔註4〕 施蟄存：《爲中國文壇擦亮「現代」的火花》，《沙上的腳迹》，遼寧教育出版
　　　　社，1995年，第175頁。

和道義的衝突本質上是人的根性，俗人的性質——性和食的衝突。施蟄存通過鳩摩羅什對自己層層逼近的反省，展示出人如何焦慮萬分地受著本能的夾擊，如何處心積慮地謀劃著實現它們雙方面的滿足的人本窘境。

施蟄存接受弗洛伊德的心理分析理念，爲有關鳩摩羅什的本事所增添的心理動機的內容事實上是對歷史上這位「傳法東土」的高僧的「重寫」，因爲施蟄存不相信有「從內心到外表都是英雄思想」的「徹頭徹尾的英雄」，〔註5〕所以在他的重新敘述下，這位「出世英雄」對自己世俗心理和動機的反省就徹底改變了他的形象和行爲的性質。鳩摩羅什的破戒，典籍強調的是「被逼行事」和讖語應驗，施蟄存則顯示其與「最最卑下的凡人」無異的主體欲求和性質。典籍載鳩摩羅什焚身後舌不焦爛，是爲證明鳩摩羅什所譯的經論無謬而顯示的神迹，〔註6〕而在施蟄存的筆下則成爲對於這位高僧的諷刺和嘲弄。有意思的是施蟄存的鳩摩羅什竟爲歷史學界所熟知，在《歷代高僧傳》中，爲鳩摩羅什做傳時也提到「現代作家施蟄存則在小説中寫他身上佛性與人性的衝突，以及他潛意識中的人性萌動，這就是見仁見智了」。〔註7〕可見，施蟄存對這位高僧的褻瀆令佛門歷史是多麼的難堪。

施蟄存在鳩摩羅什身上所嘗試的這種用揣測「行爲主要意圖和有效動機」去「鄙視和貶低一切偉大事業和偉大人物」的做法，雖得自於弗洛伊德，但並非自弗洛伊德始，黑格爾早就把它稱作是一種「心理史觀」，並認爲這種所謂的「心理史觀」，就是「傭僕的心理，對他們說來，根本沒有英雄，其實不是眞的沒有英雄，而是因爲他們祇是一些傭僕罷了」。〔註8〕如果說，黑格爾的說法帶有明顯的貴族氣的優越感的話，那麼現代哲學家的較爲中性的說法，即是「當代大眾有一種欲望，想使事物在空間上和人情味兒上同自己更『近』」，因此，他們消解一切帶有神聖光環的事物和人物，尤其是消解「歷史對象的光環」正是這個褻瀆運動的一個主要的方面。〔註9〕施蟄存的系列歷

〔註5〕 施蟄存：《爲中國文壇擦亮「現代」的火花》，見《沙上的腳迹》，遼寧教育出版社，1995 年，第 182 頁。

〔註6〕 參閲〔梁〕釋僧祐撰：《出三藏記集·卷十四》，中華書局，1995 年，第 530～535 頁；〔梁〕釋慧皎撰：《高僧傳》，中華書局，1992 年，第 45～60 頁；李山、過常寶主編：《歷代高僧傳》，山東人民出版社，1994 年，第 56～66 頁。

〔註7〕 《歷代高僧傳》，第 65 頁。

〔註8〕 詳見黑格爾：《法哲學原理》，商務印書館，1995 年，第 126～128 頁。

〔註9〕 瓦·本亞明：《機械複製時代的藝術作品》，見 1990 年 1 期《世界電影》第 131 頁。

史小說也是這樣的心理史觀的產物。

　　如果把施蟄存的歷史小說和其他人運用同一題材而創作的小說加以比較會更能顯示出這一傾向。施蟄存和郭沫若都曾以史載的阿檻（阿蓋）公主的事迹作爲自己創作的本事。《新元史》、《大理府志》烈女欄以及野史均把阿檻（阿蓋）公主敘述爲「把自己的生命來殉了她的丈夫」的烈女。郭沫若在《孔雀膽》中不僅接受了這個歷史形象，而且爲了突出其節烈的品質而不顧史實增繁渲染得淋漓盡致。阿蓋公主不僅機智地揭露了暗殺丈夫的仇人的陰謀，並在爲丈夫報仇之後從容自殺。施蟄存筆下的阿檻公主卻全然沒有這樣的英雄氣概，一直在爲是做「一個忠實於自己的種族的女子」，還是「爲了自己的戀愛和幸福」，「站在丈夫這一面」猶豫不決，最後才做出了選擇。更重要的是施蟄存對阿檻公主結局的處理。本來史載阿檻公主的死有兩個說法：一說是阿檻公主得知段功死訊，做了一首辭世詩後自殺身亡；一說是絕食而死。施蟄存沒有採取其中的任何一種說法而篡改爲當阿檻公主得知段功被害，要爲丈夫報仇時，被仇人識破，反將毒酒灌進了她的口中。讓阿檻公主由自殺到他殺的改動無疑使阿檻公主的烈女形象大打折扣。由此可見，郭沫若和施蟄存都有忠實歷史的敘述，也都有違背的地方，在他們不同的忠實和違背之中鮮明地表現了各自的價值取向。郭沫若用段功和阿蓋公主的歷史故事譜寫了一曲英雄主義的讚歌，而施蟄存恰恰是以日常生活的意識心理消解了阿檻公主那些超越日常的行爲，給我們展示了發生在一個「平凡的俗人」身上的美麗哀惋的故事。無怪郭沫若聽說施蟄存有一篇和他的《孔雀膽》出自同一故事的小說，找來看了後說，施蟄存「《阿檻公主》的主題和人物的構造，和我的完全不同，甚至於可以說是立在極相反的地位」，「在積極方面對於我毫無幫助」。〔註10〕

　　施蟄存的其他歷史小說，其路數也都如上所述，作者以日常生活的意識把一切有違其邏輯，或超越其形態的「神聖」、「神奇」的歷史敘述和傳說改寫爲常人的和日常生活的形態，這種一致性可以說是他的人性觀的投影，反映了他對人的世俗性具有穩定性的看法。它不僅滲透於他的創作中，在他的散文中更直接地表露出來。比如，他對 30 年代的文壇針對左翼所提倡的革命的現實主義和革命文學及對鴛鴦蝴蝶派的批判發表自己的見解說：

〔註10〕郭沫若：《〈孔雀膽〉故事補遺》，《沫若文集》4 卷，人民文學出版社，1956
　　　　年，第 253 頁。

蒲松齡筆下之鬼,若當時直接痛快地一概說明是人,他的小說就是「鴛鴦蝴蝶派」,因為有飲食男女而無革命也。人有三等,上等人有革命意識而無飲食男女之欲,中等人有革命意識亦有男女之欲,下等人則僅有飲食男女之欲而無革命意識。寫上等人的文章叫做革命的現實主義,寫中等人的文章叫做革命的浪漫主義,寫下等人的文章叫做鴛鴦蝴蝶派。所以蒲松齡如果要把他筆下的鬼一律說明了仍舊是人,必須把這些人派做是上中兩等的,才可以庶幾免乎不現實不革命之譏,雖然說這些人的革命意識到底還是為了飲食男女,並不妨事。〔註11〕

施蟄存批評「有革命意識而無飲食男女之欲」,認定這些所謂的上等人「到底還是為了飲食男女」,再清楚不過地說明了在他眼中人本質上都是「為了飲食男女」的所謂「下等人」、俗人,這與他對歷史敘述中的英雄傳奇的消解是同出一轍的。

如果說,施蟄存相信弗洛伊德的心理分析解釋清楚了「人的心理的真正情況」,不再「簡單的把人的行為看成是簡單的心理活動」,也即是否定了人的動機和效果的一致論,那麼,劉吶鷗和穆時英則更多地接受了弗洛伊德學說中「過分依據天生的生物本能,來說明人的行為」這一傾向,也即是把人看作是「有固定的本能內驅力的生物體」。〔註12〕穆時英在談到關於人的觀念的進化時就曾明確表達了這一觀點,他說:「神造的生物的觀念進至細胞組成的,更進而知道人體底生理的構造,我們對於自己的身體便獲得更深一層的支配。」〔註13〕因而,他和劉吶鷗經常從生物性的角度去解釋人的行為。

穆時英的《駱駝·尼采主義者與女人》以象徵手法描寫了男人與女人所分別代表的兩種不同的人生觀之間的抗衡和征服。很顯然,這篇小說的題旨既來自尼采,也是對尼采主義的消解。穆時英清楚地標明,男人所代表的「變成駱駝」的靈魂來自尼采的「精神之三變」說。小說中男主人公所選擇的苦澀的駱駝牌香煙,象徵了他所信奉的是尼采所說的人的精神應當經歷三種變遷中的靈魂變成駱駝的第一種精神。他說,「我們要做人,我們就是抽駱駝牌,因為沙色的駱駝的苦汁能使靈魂強健,使臟腑殘忍,使器官麻木」。〔註14〕而

〔註11〕 施蟄存:《鬼話》,《燈下集》,開明書店,1937年,第191～120頁。

〔註12〕 〔美〕L. J. 賓克萊:《理想的衝突》,第134頁,商務印書館,1983年。

〔註13〕 穆時英:《電影藝術防禦戰》,載1935年8月15日上海《晨報》。

〔註14〕 穆時英:《駱駝·尼采主義者與女人》,《聖處女的感情》,良友圖書印刷公司,1935年,第58～59頁。

女人在尼采看來正是與這種「負擔著太多外間底沉重底名詞和價值」，〔註15〕並欣喜著自己的力量的「沉重的精靈」相對立的，他認為「快樂卻是女性」，「只有夠男性的男人，才能在女人中將女性一一救贖」。〔註16〕小說中的女人也即是尼采所說的「女性」，「她在白磁杯裏放下了五塊方糖，大口地，喝著甜酒似地喝著咖啡」，「光潔的指尖夾著有殷紅的煙蒂的朱唇牌，從嘴裏慢慢地濾出蓮紫色的煙來」的生活姿態象徵了她「以為人生就是一條朱古律砌成的，平坦的大道似地擺在那兒」的生活態度。在小說中穆時英讓信奉尼采的男人向女人宣揚他的駱駝精神，批判女人所代表的自欺與享樂的精神，可是一頓飯下來，在「她教了他三百七十三種煙的牌子，二十八種咖啡的名目，五千種混合酒的成分配列方式」以後，他們「坐到街車上面，他瞧著她，覺得她綢衫薄了起來，脫離了她的身子，透明體似的凝凍在空中。一陣原始的熱情從下部湧上來，他扔了沙色的駱駝，撲了過去，一面朦朦朧朧想：『也許尼采是陽痿症患者吧！』」〔註17〕以對生理缺陷的猜測去暗示尼采超越常人的思想是出於他不正常的生理，這個結尾不僅背叛、消解了尼采主義，更是一種褻瀆的行徑。

　　無論是施蟄存旨在以人的心理動機去消解歷史對象的光環，還是劉吶鷗、穆時英等以人的生物性去解釋人，認定的都是以財色為其根性的人的世俗性質，這實際上與弗洛伊德的精神分析還隔著一個層次，或者說，他們只進入弗洛伊德所描述的按照現實原則行事的自我層次，而弗洛伊德的基本發現，由遺忘的經驗以及基本的衝動和內驅力而形成的，左右人的行動而人的意識覺察不到它的無意識的存在，還並未成為他們關注的焦點。而恰恰是這一點為改變人是以理性為主的動物這個舊觀念起了重大的作用，成為弗洛伊德影響西方現代文學的主要方面。「至少從本世紀初起，作家們就設法從多方面表現『非理性』」，〔註18〕他們或者將其設想為美和真的源泉，或者將其與生命混為一體，視為我們自己內心的「最大的現實」、「更基本的東西」，或者作為靈魂、生命衝動和旺盛精力的一切解釋的替代物，從而把「非理性」神聖化、使人「變成非理性的激情的奴隸」。

〔註15〕　尼采：《蘇魯支語錄》，商務印書館，1995 年，第 193 頁。
〔註16〕　尼采：《蘇魯支語錄》，商務印書館，1995 年，第 161、167 頁。
〔註17〕　穆時英：《駱駝・尼采主義者與女人》，《聖處女的感情》，良友圖書印刷公司，1935 年，第 56、55、59、60 頁。
〔註18〕　霍夫曼：《弗洛伊德主義與文學思想》，三聯書店，1987 年，第 22 頁。

不管我們是把這一傾向看作是現代文化發展過程中的一個必經階段，還是一個應該被否定和超越的階段，構成這一時期的西方現代主義文學主題的一個顯著特徵即是「蔑視理性生活」，賦予非理性以神聖的價值，由此而探索出的一個新深度正可溯源至弗洛伊德。而以施蟄存爲代表的海派作家發展起來的這一傾向，只能說僅僅表明了人存在著本能的欲望，而沒有發展昇華成一種「非理性的激情」和價值。除上面的作品分析外，另外像施蟄存的《周夫人》、《梅雨之夕》、《春陽》等都寫到了人的性心理的活動，但都不過是性心理活動的一閃念而已。新感覺派的創作表明，他們不僅自居爲普通人，也的確寫的是普通人的心態；不僅缺乏賦予非理性以價值的反叛勇氣和力量，也缺乏揭示非理性的神秘和魔力所需要的感受生命的深度的能力和表現「閾下」經驗的藝術功力。所以弗洛伊德給予他們的啓示是有意識的自我，而不是無意識的自我；是在現實原則支配下的有理性的本能，而不是在快樂原則支配下的非理性的本能（張愛玲的一句話最能概括其特徵：「瘋狂是瘋狂，還是有分寸的。」）；而海派作家中的等而下之者更是世俗欲望的放肆，而不是生命力的迸發。這不僅反映了他們對於弗洛伊德的接受特徵，也反映了海派文化作爲市民文化的精神特徵。他們中的嚴肅者在放棄了知識份子「文化載道」的傳統功能之後，自覺不自覺地是把探索人類的眞相作爲了自己的使命的，而人類的眞相，在他們看來，即是毫無神聖感（或者說沒有被賦予一種神聖感），脫離不了「財色」的根性的俗人。30 年代的海派基本上或者停留於這個眞相，或者沉溺於這個眞相，到 40 年代這個狀況有所改觀，但在揭示世俗眞相這一點上卻是一致的。

以日常生活的邏輯消解價值的理想形態

特別值得一提的是 40 年代的海派作家經過了對於人性有著巨大考驗的戰爭年代，如這個時期的代表作家張愛玲就曾特別談到經過了香港戰爭，戰時香港的所見所聞對她「有切身、劇烈的影響」，從「那些不相干的事」中，她有機會「刮去一點浮皮」，親眼看到炸彈如何把文明炸成碎片，將人剝得只剩下本能，所以她堅信，人性「去掉了一切的浮文，剩下的彷彿只有飲食男女這兩項。人類的文明努力要想跳出單純的獸性生活的圈子，幾千年來的努力竟是枉費精神麼？事實是如此」。〔註19〕基於這樣的認識，張愛玲筆下的人物

〔註19〕 張愛玲：《燼餘錄》，《張愛玲散文全編》，浙江文藝出版社 1992 年，第 59 頁。

就具有了某種行為邏輯的一致性，大多堅定地把自身的生存作為第一需要和至高目標，當「飲食」受到威脅時，甚至「男女」之事都是不屑一顧的。他們或為「利」的，或為「性」的世俗目的，演出著「終日紛呶」的，又是「沒有名目的爭鬥」。在這個意義上，張愛玲小說中的人物大多帶有「獸性」和「原始性」，而人性，也就是「人之所以為人，全在乎高一等的知覺，高一等的理解力」，〔註20〕表現在能夠健康地、合理地為這世俗的目的而爭鬥，因而又絕對是功利的、世俗的，因此張愛玲斷定：「世上有用的人往往是俗人」。〔註21〕

可以說，張愛玲的小說基本上是圍繞著人性的問題，人究竟是世俗的這一看法展開的，這是張愛玲的小說和散文中最深層的意義的內核與凝聚點。在她的筆下，人的形象在具有人性和具有獸性、原始性之間移動，其行動的價值，為之奮鬥的目標超越不了「利」的或「性」的世俗目的。那些具有較多的人性，講求實效和世俗的算計，能夠為了自己的利益或性的目的而奮鬥的人構成了張愛玲小說世界中的城市俗人群。張愛玲的人物形態基本上都不再有著形而上的對抽象的價值理想和絕對觀念的需要和追求，即使有著這樣的追求，也是作為反證，或者說為了消解這些價值理想而存在的。

在張愛玲的小說中也有一些非利的和非性的人，如那些「老太太們」的人物群，她們已經退出了人生的戰場，行動不再是為了個人的利益或性的目的，同時又多少帶有些獸性和原始性，她們的存在和活動是張愛玲描寫腐舊大家庭的背景因素。另一個「非利的非性的」人群是那些在心理上或生理上還未成年的人。可見，張愛玲對人的劃分，除了已經退出人生戰場的老人和還未進入人生戰場的未成年的人外，不存在既無利的又無性的目的的人，這正印證了張愛玲關於人生的「時間悲劇」的看法，她認為人的老年和兒童時代比較接近，惟獨中間隔了一個時期的成年階段「俗障最深」，成人的世界是「庸俗黯淡的」，〔註22〕從此也可以印證她對人的基本認定。

通過以上的分析我們可以看出張愛玲對人的世俗的和日常形態的把握，她不是要標舉這種價值，但這是她讓人必須面對的真相，也正是她對人性進行觀察和透視所持有的特殊角度，進行分析和批判所得出的最一般性的結

〔註20〕 張愛玲：《造人》，《張愛玲散文全編》，第 107 頁。
〔註21〕 張愛玲：《必也正名乎》，《張愛玲散文全編》，第 46 頁。
〔註22〕 參閱張愛玲：《造人》，《張愛玲散文全編》，第 106 頁；《紅樓夢魘》，上海古籍出版社，1995 年，第 165 頁。

論。因而，她把這種世俗性和日常性設計爲她筆下人物的「素樸的底子」和行爲的邏輯，時常她也讓她的人物「飛揚」起來或打破這種行爲的邏輯，但最終她是爲了讓人們更清楚地看到人跳不出「飲食男女」這世俗的圈子和「素樸的底了」。正是基於對常人的世俗狀態的認識，張愛玲的創作自始至終表現出對於一切有悖於日常生活的內容和邏輯的觀念的理想形態，一切神聖的「浮文」或說是神話進行消解的傾向。其基本的策略就是把一切神聖絕對的觀念都淹沒在世俗的功利的算計之中。

從一個女作家的角度，張愛玲用力最甚的是消解愛情神話。張愛玲筆下不存在愛情中的女人，她有意識地反愛情故事，以「愛情」的日常在世的世俗性消解愛情故事中所蘊涵的價值形態的神聖性和純潔性，一再告誡女人：「只有小說裏有戀愛，哭泣，眞的人生裏是沒有的。」〔註23〕《傾城之戀》的標題顯然來自「傾城傾國」這個家喻戶曉的成語故事，但張愛玲的《傾城之戀》卻恰恰是對這一表層故事的文化邏輯的消解。小說的男女主人公「他不過是一個自私的男子，她不過是一個自私的女人」，〔註24〕他們之間的糾纏自始至終都是爲了從對方獲得實際好處，「兩方面都是精刮的人，算盤打得太仔細了」。〔註25〕流蘇跟柳原的目的「究竟是經濟上的安全」，所以她一定要想方設法讓柳原娶她，而不能「白犧牲了她自己」；而柳原對於流蘇原也不過是「上等的調情」並不眞計劃娶她，更爲了日後脫卸責任不時採取種種小計謀，希圖流蘇能「自動的投到他懷裏去」。香港的陷落成全了流蘇，由此改變了「傾城傾國」這一傳奇故事的內在邏輯。張愛玲把「傾城之戀」的表層成語意義與文本意義在因果邏輯上顛倒，不動聲色地消解了塗在愛情上的「浮文」。

在這點上，張愛玲是不分男女，一視同仁的，她讓男人和女人共同面對著最原始的生存問題，並且最終都把有關自我得失的世俗功利放在第一位，而決不會對「愛情」這個觀念頂禮膜拜，爲其做出無私的奉獻。這並不是說張愛玲贊成人生的俗相，對於那些愚蠢的、殘酷的自私，她竭盡嘲諷之能事，但由於她基本的世俗的立場和信念，自稱俗人，把自己置於世俗人群之中的身份認同，她的嘲諷就不像魯迅那樣，以先覺者高於俗人的姿態，嬉笑怒罵，毫不留情，

〔註23〕張愛玲：《創世紀》，《張愛玲文集》第 2 卷，安徽文藝出版社，1992 年，第276 頁。
〔註24〕張愛玲：《傾城之戀》，《張愛玲文集》第 2 卷，1992 年，第 86 頁。
〔註25〕張愛玲：同上，第 79 頁。

其中還有一種「因為懂得，所以慈悲」的體諒、無奈與悲憫，甚至是辯護。《傾城之戀》裏的流蘇和柳原是自私的、庸俗的，但在戰爭的兵荒馬亂之中，他們於「一剎那」體會到了「一對平凡的夫妻」之間的「一點真心」。《留情》中的那對老夫少妻的確是各有各的打算，「生在這世界上，沒有一樣感情不是千瘡百孔的，然而敦鳳與米先生在回家的路上還是相愛著」。〔註26〕在張愛玲看來，「無條件的愛是可欽佩的——唯一的危險就是：遲早理想要撞著了現實，每每使他們倒抽一口涼氣，把心漸漸冷了」。張愛玲就是讓大家「索性看個仔細」，因為「有了驚訝與眩異，才有明瞭，才有靠得住的愛」。〔註27〕

事實上，張愛玲是自認俗人，又自絕於俗人。她知道自己改變不了俗人的本性（根本不相信有人例外），但拒絕與俗人打交道。她說：「我寫的那些人，他們有什麼不好我都能夠原諒，有時候還有喜愛，就因為他們存在，他們是真的。可是在日常生活裏碰見他們，因為我的幼稚無能，我知道我同他們混在一起，得不到什麼好處的，如果必需有接觸，也是斤斤較量，沒有一點容讓，總要個恩怨分明。」〔註28〕張愛玲是以俗人的斤斤計較來選擇孤獨的（或者說選擇了一種「低姿態」的人生），因而絲毫沒有「五四」一代先覺者選擇孤獨的精神優越感，她的人生證明她在這條路上越走越遠。

張愛玲的消解價值神話是無所不至的，因為她無所執著。比如，她針對母親形象的神聖化這一文化現象說：「母愛這大題目，像一切大題目一樣，上面做了太多的濫調文章。普通一般提倡母愛的都是做兒子而不做母親的男人，而女人，如果也標榜母愛的話，那是她自己明白她本身是不足重的，男人只尊敬她這一點，所以不得不加以誇張，渾身是母親了。」〔註29〕針對五四時代為青年的離家出走所塗上的神聖色彩，她用自己離家出走的實例說明，她完全出於精細的盤算，而非神聖的目標。她說，「在家裏，儘管滿眼看到的是銀錢進出，也不是我的，將來也不一定輪得到我，最吃重的最後幾年的求學的年齡反倒被耽擱了。這樣一想，立刻決定了。這樣的出走沒有一點慷慨激昂。」〔註30〕可以說，張愛玲不僅消解傳統文化的神話，也消解五四新文化運動所樹立起的新神話。她以日常生活的內容和邏輯，對愛情、母愛、

〔註26〕 張愛玲：《留情》，《張愛玲文集》第 1 卷，第 219 頁。
〔註27〕 張愛玲：《洋人看京戲及其他》，《張愛玲散文全編》，第 8 頁。
〔註28〕 張愛玲：《我看蘇青》，《張愛玲散文全編》，第 259 頁。
〔註29〕 張愛玲：《談跳舞》，《張愛玲散文全編》，第 201 頁。
〔註30〕 張愛玲：《我看蘇青》，《張愛玲散文全編》，第 260 頁。

父愛、家庭以及超人、自由戀愛、新女性等等理想化神聖化了的文化現象和概念都給予了質疑和嘲諷，為一切理想的價值神話蒙上了「一種污穢」。

由以上的分析可以看出，張愛玲是以日常生活的內容和實用的邏輯做價值和效用的標誌，去消解為「道德習慣所牽連的想像的信念」。以現實世界去消解關於現實世界的種種不實之辭；以現實世界的矛盾、多重、複雜去消解人們關於現實世界整齊、統一、簡單、斬釘截鐵的觀念世界；以現實世界的平實、素樸、凡俗去消解人的價值領域的飛揚、完美和神聖，她在小說和散文中一再說明「人總是髒的；沾著人就沾著髒」。〔註31〕在張愛玲看來，現實與人生本身就是對愛情這一觀念的神聖性的褻瀆。所以對於她筆下的流蘇、七巧、霓喜們來說，所謂「愛情」的意義，不過像《海上花》中的妓女們一樣，其實質是為了獲得男人對自己的供養。也正是從日常生活的實用邏輯出發，張愛玲建立起同化一切的基礎。她說：「以美好的身體取悅於人，是世界上最古老的職業，也是極普遍的婦女職業，為了謀生而結婚的女人全可以歸在這一項下。這也無庸諱言──有美的身體，以身體悅人；有美的思想，以思想悅人，其實也沒有多大分別。」〔註32〕這種實用的態度使張愛玲不僅在妓女與良家婦女之間劃等號，甚至把這個等號與自命不凡的文化人劃在了一起，自此我們可以清楚地看出張愛玲的文化邏輯。她讓英雄、超人淪為凡人俗人，在男人與女人之間找到了共同點，從精神與物質的對立尋找到統一，把大時代的潮流與不相干的事看得同等重要。她決不賦予任何人以倫理道德的優越感，她在《公寓生活記趣》中明確地談到，對於都市的市民來說，不要把陽臺上的灰塵直截了當地掃到樓下的陽臺上去的這類「公德心」，「就是我們的不甚徹底的道德觀念」，就是我們「頂上生出了燦爛的圓光」。

以日常生活作為獨立的寫作領域

40 年代海派的一個突出特點就是把日常生活作為獨立的寫作領域，特別關注那些與大時代、大歷史、國家、民族意識「不相干」，而在常人的世俗生活中，佔有重要地位的事。他們描寫敘述的不是社會歷史，國家民族的史實，而是那些「以『生』為本」的俗人的「生活史」，是生活本身的事實和常識。這在予且和蘇青等作家的創作中表現得特別突出。

〔註31〕張愛玲：《沉香屑 第二爐香》，《張愛玲文集》第 1 卷，第 13 頁。
〔註32〕張愛玲：《談女人》，《張愛玲散文全編》，第 72 頁。

雖然，前面分析的張愛玲的創作也有著這個明顯的傾向，她本人也和他們攪在一起大談人的俗骨：衣、食、住與財色，但她畢竟不是「天生的俗」，「難求得整個的沉湎」，即便是「存心迎合」，也根本寫不出蘇青那樣的，對於這些俗事的「眞情實意」的愛。她的寫俗是爲了透視人的本性與日常生活的邏輯，把形而下的俗事作爲形而上的問題而進行理性思考。予且和蘇青等海派通俗作家缺的就是這種透視、反省和距離感，他們對於人生或有著太基本的愛好，或太關切解決日常生活中的具體問題，因而他們的思維往往是實用的、經濟的、自私的，他們的思想與其說是理性的，不如說是常識的，然而也正是爲此，他們的創作才更鮮明地顯示出現代新市民獨有的精神風貌和生氣。

予且對常人有著深厚的感情，他在其成名作《小菊》的開篇即開誠布公了他創作的方向：

> 我要講的是幾個平凡的人，和幾件平凡的事。
>
> 平凡的人，是不值得說的，平凡的事也是不值得記載的。但是社會上平凡的人太多了，我們捨去他們，倒反而無話可說，若單爲幾個所謂偉大的人物，稱功頌德，這是那些瘟臭的史家所做的事，我不願做！〔註33〕

予且的確做到了這一點，他的創作始終顯示出他願做的是本著一顆「博施濟眾心」，「勤勤懇懇指示著幫助著大眾之人，進入光明的人生大道」，像算命者那樣做一個「常人的生活顧問」，〔註34〕他借小說人物之口聲稱：「我只替朋友解決事實，不解決理想」。〔註35〕

早在30年代初，予且就在被沈從文說成是「繼續禮拜六趣味」、「製造上海的口胃」的《良友》雜誌上發表了系列文章。大談《司飯之神》、《福祿壽財喜》、《龍鳳思想》、《酒色財氣》、《天地君親師》。〔註36〕從流傳於民間的民眾藝術中探詢民眾的思想，因爲予且相信「民眾的藝術本是民眾思想的表現」，而所謂「民眾思想」，予且的界說指的不是抽象學說，而是民眾的「欲望和感覺，〔註37〕所以他抓住的是民眾最基本的生活意識，並且順著民眾的

〔註33〕予且：《小菊》，中華書局，1934年，第1頁。
〔註34〕予且：《利群集》，上海潤德書局，1946年，扉頁、41頁。
〔註35〕予且：《迷離》，1943年10月《風雨談》第6期。
〔註36〕這些文章分別刊登於1932年6、7、8、9、10月《良友》，第66、67、68、69、70期。
〔註37〕參閱予且：《福祿壽喜財》、《龍鳳思想》，《良友》，第67、68期。

這些欲望和感覺導以現代自立、自強、自我奮鬥的獨立意識和競爭意識。在他看來,「色」是「傳種」,而不是淫欲;「財」是「自存」,而不是萬惡之源,所以「是社會生存的根原,也就是人類生存的根原」,他相信「人爲什麼做事,還不是拿錢過生活,這　層意思,不管那　個階級那　個時代那一個地點,純是相同的」。所謂「氣」,他解釋在資本主義社會就是「競爭」,就是「得不著」,就是「大眾一聲共同的歡息」,但是如果消除了人類的競爭,消滅了貧富,得不著的也得著了,雖然「好」,卻是沒有「氣」了。而「酒」則說明「人們生活恐怕不僅是吃飯,生兒子,嘔氣,也還要一點興趣和快樂的」,它操縱著我們熱烈的心情,「讓我們在苦惱的環境,仍然是興奮的工作著,享樂著」。〔註38〕這就是予且對於大眾生活內容與目的的分析。

予且精於命術,曾寫過一本以「談命」教化大眾的小說《利群集》,可以說非常集中地概括了予且的日常生活的意識形態。此小說通篇是「利群談命」館的算命先生對於一個名叫求己的問命者的教訓,這個利群先生告訴求己:「中國的命理大原則,只有兩句,(一)是命理以生爲本。(二)是推命以我爲主。」〔註39〕所謂「以生爲本」,講的是克我者爲官,我克者爲財,生我者爲印,我生者爲食傷。這就是說,一個人生活在世上,官吏警察是管理我的,我所管理的是錢財,不管是人克我,還是我克財,都是爲了我的生。「印」是圖章,予且解釋說,平時我們做事用印是表示我們有資格有權利答應去做一件事,不答應是自覺無能力,資格薄弱,而用印以後就沒有變更的可能,這種信心的堅固和能力的激發會格外助長我們的生意。我生者——子女,一方面是繼續種族生存,一方面也需供養,負擔加重,也即我們的「爲食傷」。這就是以「生」爲本的含義。所謂「推命以我爲主」,講的是不管克我、我克、生我、我生,全是以我爲中心。可見,予且爲中國的民間藝術和命相術塞入了一個執著於現世的,赤裸裸地追求金錢私利的資產階級的靈魂。

予且是以家庭婚姻夫妻關係作爲他展開日常生活圖景的場所的。據他自己講他曾讀過不少的關於戀愛理論的英文書,尤其是關於精神分析方面的,可是這些書不是讓他認識到本能的非理性力量及其昇華出的個性和情感的力量,而是讓他感到「愛是生物的一種自然力量的發揮」,甚至「簡直是一種病態」。所以他以爲「如其寫這種空洞而無結果的戀愛,還不如寫一點夫婦間的

〔註38〕參閱予且:《酒色財氣》、《福祿壽喜財》,《良友》,第 69、67 期。

〔註39〕予且:《利群集》,上海潤德書局,1946 年,第 33 頁。

共同生活」。〔註40〕在他看來從結婚到死，一共不過數十年，這數十年才是「男子快樂而又帶點苦痛的生活史」，〔註41〕對於女子又何嘗不是？也就是說，予且要為平凡的人書寫的生活史是從結婚開始。對日常生活領域的共同關注使40年代的其他海派也和予且呈現出同樣的趨勢，把寫作對象聚焦在家庭婚姻夫妻關係上，突出代表如蘇青的《結婚十年》、潘柳黛的《退職夫人自敘》等，與「五四」小說集於戀愛題材判然有別。即使寫的同是男男女女的戀愛，40年代的海派，如張愛玲和予且的一些小說也和「五四」小說中講自由，講感情，講精神的戀愛截然不同，予且對此做過很好的闡明：

> 受了生活重壓的人，求生的急切當然是無庸諱言的事實。在求生急切的情境中，不抱著「得過且過」的思想，即不能一日活。所以「戀愛不過就是那麼一回事，結婚不過就是那麼一回事」的思想，也就隨之而生了。在從前，婚姻是一件終身大事，焉得不謹慎將事。如今，婚姻已經成為生存手段，焉得遇事挑剔，來關閉自己幸福之門？
>
> 這一種變遷不能說是不大，更不能說和以前相差不遠。婚姻如此，
>
> 戀愛的方式，手段，性質，結果，遂亦不得不和以前不同了。〔註42〕

予且把婚姻看作是生存手段，把家庭看作是生活的場所，和常人以「生」為本，「人生最大的目的，就是求生」〔註43〕的意識，首先使他把常人的日常生活與國家社會區別開來，他認為，「一個人在世上要想過愉快生活，一定要將附於他的一切東西，處理得宜，有條不紊」，這附於他的東西就是錢財和妻子。〔註44〕所以，他奉勸大眾的人生之道，就是「如其好高騖遠，莫如先治其家」。〔註45〕予且的創作就是身體力行的典範。他的短篇小說集《兩間房》、《妻的藝術》，長篇小說《乳娘曲》，甚至在不以家庭為題材的小說《女校長》，以及予且以「記」為題的系列小說，如《尋燕記》、《移玉記》、《別居記》、《執柯記》等，其中都對「夫妻情感的聯絡，家庭快樂的產生」，妻的藝術，夫的藝術，或者說是御妻術，御夫術等做了事實的說明。

隨著生活閱歷的增加，予且越來越體驗到婚姻以及夫妻的共同生活實際

〔註40〕予且：《我之戀愛觀》，載1943年12月《天地》，第3期。
〔註41〕予且：《兩間房·序》，上海書店，1989年，第1頁
〔註42〕予且：《我之戀愛觀》，載1943年12月《天地》，第3期。
〔註43〕予且：《我怎樣寫七女書》，載1945年6月《風雨談》，第19期。
〔註44〕予且：《利群集》，上海潤德書局，1946年，第34～35頁。
〔註45〕予且：《司飯之神》，1932年《良友》，第66期。

上絕不「嚴重」，他一再通過筆下的人物說明，夫妻間的愛情「維持的方法，就是要各自努力把家庭弄的格外興旺」。在女的一面，「養育子女，使家庭清潔齊整，金錢不浪費，照應著自己丈夫的飲食起居」;「男的應該維持一家的用度，教養子女。最要緊的，就是不能在外面胡鬧，和那些下賤的女人在一起」。〔註46〕在《移玉記》中，姐姐向妹妹介紹自己的御夫術，她得意地說，男人在家裏的需要只有兩個:「第一個是時間。第二個是可口的食物」。我讓他知道「他的時間和可口的食物都是我給他的」，「他就做了我堤岸口的水，順著我給他的方向在流」了。〔註47〕在予且的小說中類似生活經驗，或說是「小花招兒」的介紹隨處可見，經常甚至會以數碼羅列步驟手段的先後次序，很有些以小說的形式寫「生活指南」的味道，顯示出他對人情事理的明瞭，這與他要做個大眾的生活顧問的志向是分不開的。

經濟的力量更為海派作家所強調，他們已經強調到了決定一切的地步，也正是在這點上更鮮明地顯示出他們從日常生活出發看問題的立場和現代市民獨特的精神和價值觀。蘇青的一段話道出了他們採取如此立場和價值觀的原因:「在一切都不可靠的現社會裏，還是金錢和孩子著實一些。」〔註48〕予且更坦言在人的「求生」之路上，物質的需要比崇高的倫理思想和道德以及內心生活都更重要。他在《我怎樣寫〈七女書〉》中說:

> 我們每個人都是有個靈魂的，宗教家特別把靈魂看得重。祈禱上帝予我們以大力，俾我們的靈魂不致淪落於深淵。但有時因為物質上的需要，我們無暇顧及我們的靈魂了。而靈魂卻又忘不了我們。他輕輕地向我們說:「就墮落一點罷!」於是我們就墮落一點。他還是用上帝的面孔安慰著我們，說這一點不要緊，這是「生存的道路呵!」誠然的。上帝所要救的是活人，決不是等活人成為死者再行拯救的。於是我們為保存我們這個寶貴的「生」，我們就墮落一點罷!這是靈魂向我們說的話，而且是個好靈魂，好靈魂用好面孔叫我們墮落一點，我們於是就墮落一點罷!〔註49〕

予且《七女書》所包括的七個短篇小說正說明了這樣的都市市民的生活哲學，

〔註46〕予且:《尋燕記》，1942 年 11 月《大眾》創刊號。

〔註47〕予且:《移玉記》，載 1943 年《大眾》5 月號。

〔註48〕《第十一等人──談男女平等》，《蘇青文集（下冊）》，上海書店出版社，1994 年，第 282 頁。

〔註49〕予且:《我怎樣寫〈七女書〉》，1945 年《風雨談》第 19 期。

展現了七位女性如何「並不迂腐，也不狂罔，也不糊塗」地面對生存的困境，「亦莊亦諧的走上他們不能不走的路」。〔註50〕

《向曲眉》中的女主人公所嫁的夫君除了「在家裏哼哼詩詞，發發牢騷」，「既沒有什麼做事的本領，更沒有謀事的道路」，家裏除了居孀的婆婆，還有待養的小姑和小叔，在戰亂和物價高漲時期，婆婆花完了向曲眉的妝奩，就把這個窮家交給了她。為了維持這個毫無生存之道的婆家的生活，向曲眉不得不向從小就對自己居心叵測的葛老伯求援，當向曲眉明白她必須以身相許才能換來葛老伯的錢而失聲痛哭的時候，葛老伯奉勸她的話說是讓她想一想「一個女子是為丈夫而生存的呢」，還是「為生存而生存」，「如果是為丈夫而生存，則丈夫沒有自存之道，就應該先打死丈夫，然後自殺。這樣便什麼也沒有了。如果是為生存而生存，則丈夫沒有自存之道，自己就該有個共存之道，有了共存之道，就大家快快活活，安安穩穩的生活下去。使他在生活上不感困難，老母弟妹，皆得其養」。「大家還要好好兒地過下去。誰有力量，誰就幫助誰」。〔註51〕可以說，這番「苦口婆心」的話決不僅僅是葛老伯對向曲眉的勸說，更是作者為向曲眉賣身養家所做的辯護。可見，這是商品經濟的意識滲透到生活領域而在日常生活中發生的一宗交易，葛老伯為自己所做的辯護正是他試圖把這宗交易在文化上合法化的努力。當向曲眉把自己賣身的錢拿回家，婆婆並未責罵她，反而陪著流了好些眼淚，感激涕零地把向曲眉奉為「我一家的恩人」，並幫著向曲眉瞞著丈夫。婆婆的態度顯然意味著這宗不道德的交易已得到現實的首肯。就這樣，予且小說中的「好靈魂」輕輕地向大家說：「就墮落一點罷！」這是「生存的道路呵！」《七女書》中其他的幾篇小說如《過彩貞》、《黃心織》、《郭香雪》、《鍾含秀》、《解凌謇》（原題為《無聲的悲劇》）、《夏丹華》（原題為《移情記》）〔註52〕等也都反映出作者所要著力表現的日常生活是如何地消解著倫理道德的規範，踐踏著人的尊嚴，逼迫著人們「走上他們不能不走的路」這生活本身的邏輯和力量。

弗·傑姆遜在談到德萊塞的《嘉莉妹妹》時也曾涉及到類似的問題，他說德萊塞「最使人震驚的地方」就是他對於嘉莉妹妹通姦行為道德評價問題

〔註50〕 予且：《我之戀愛觀》，載 1943 年 12 月《天地》，第 3 期。

〔註51〕 予且：《向曲眉》，1945 年 2 月《大眾》第 2 期。

〔註52〕 分別刊登於 1944 年 11、12 月，1945 年 1、2、3 月《大眾》第 3 卷，第 11、12 期，第 4 卷，第 1、2、3 期；1943 年 3 月《小說月報》第 3 卷，第 6 期；1943 年 7 月《文友》第 1 卷，第 5 期。

的忽略。嘉莉妹妹出身社會底層，爲了達到她欲望的目的，不得不以此爲追求的臺階，或說是走上「可以迅速達到夢想的、被人所輕視的路徑」，通過情人的不斷更換，嘉莉妹妹「步步高升」，終於擠入了豪華的上流社會，「置身於光輝燦爛的環境之中」。〔註53〕傑姆遜說，德萊塞對嘉莉妹妹的這種行爲不做道德的評價「比其他任何態度都更要富於革命意味，他似乎在宣佈：這一切對我們來說是那樣自然，那樣不可否認」，德萊塞使「他的人物面臨很多其他的問題，其中最大的問題是錢的問題，他們唯一可以不考慮的問題恰恰是道德問題，因此對道德範式的取消比其他任何形式都更爲現實主義，更加激烈」。〔註54〕對於予且筆下的那些「爲生存而生存」的人物恐怕也可以做如是觀，他們強烈地揭示出「財富決定了市民階級並給予了地位」、「使城市產生的基本動力是屬於經濟性質」〔註55〕的都市法則和都市市民的哲學。

蘇青是從批判統治階級爲被統治的民眾所樹立的「道德」和「犧牲」的觀念開始，來爲自己，爲現實世界裏的弱者、大眾爭取爲自己「得利」、「得好處」在文化上的合法權的。她在《道德論──俗人哲學之一》中認爲現行的所謂道德「是以權利爲基礎的道德觀念」。她把王弼對「道德」的注疏「道者，物之所由也，德者，物之所得也，由之乃得」中的「物」改爲「人」，得出道德的本意是讓人得利，得好處。她甚至不避粗魯地說：「人有利可得始去由之，沒有好處又哪個高興去由他媽的呢？」如果我們的現實世界是平等自由的，還可能「定得出一個大家都願共同遵循的標準」，但「可惜我們這個現實世界卻是既不平等又難自由，於是強者便利用其優勢來逼迫或誘騙大家一齊由我之得，弱者便被迫或被誘而眞個齊去由起他人之得來，那便是以權力爲基礎的道德觀念了」，這種道德以忠君、愛國、救世、利群爲美名，誘騙他人「一齊由我之得」，一切歷史上的美談都是這樣一手造成的。因此，蘇青大談「俗人哲學」，強調「我們所求的是道德之實，不是道德之名」，講道德，守道德是爲了「大家都能夠『由之乃得』」。她引用功利派諸人所說，「幸福乃吾人之唯一要求」，並進一步針對有人認爲獲得忠孝信禮也是利的觀念說，

〔註53〕〔美〕德萊塞著，裘柱常、石靈譯：《嘉莉妹妹》，上海譯文出版社，1980 年，第 496、497 頁。

〔註54〕弗·傑姆遜：《後現代主義與文化理論》，陝西師範大學出版社，1986 年，第 224 頁。

〔註55〕〔美〕湯普遜：《中世紀經濟社會史》，商務印書館，1963 年，第 420～421 頁。

「『最大之利莫過於有利於人類的生存；其次則為有利於人類的更好生存』。假如有人以死為利，則他所說的乃鬼的真理，非吾人所欲獲得，但我們也可為利而死，假如此利不得則事吾人將不能繼續生存的話。凡此類利益吾人決不惜冒死以求，希望能夠達到死裏求生之目的」。

蘇青在《犧牲論——俗人哲學之二》中所持的觀點也是同一邏輯，同一口徑，她自嘲說「我終究脫不了市儈氣味」，不能不計較「犧牲」這兩個怪漂亮的名詞的「代價問題」，「老實說，人們不惟不肯為己所不愛的東西作犧牲，就是偶而肯替自己所愛的東西來犧牲一些小利益，也是存在著或可因此小犧牲而獲得更大代價的僥倖心才肯嘗試的。人類都有經商的天才，不為獲利而投資的人可說是絕無僅有，倘使他真個因此虧本而絲毫沒得好處，那是他的知識不足，甘心犧牲乃是他的遮羞之辭」。由此可見，予且和蘇青都不僅自覺堅持日常生活的立場，也就是予且所說的「為生存而生存」，而且從這個立場出發，把人類的日常生存從倫理道德和國家政治的統一化要求中分離出來並成為一個相對獨立的私人領域，成為他們關注的中心和思考問題的邏輯出發點。

也正是在這一點上集中了海派的現代性的精神特徵，反映了市民階層接受現代啟蒙的特點。他們不再把希望和理想寄託在「救世主」身上，而是不惜破壞道德規範，不吝身份面子也要抓住自己的利益和機會的行為特徵，表現了現代市民不再是任何統治階級的子民、臣民，而是自己命運的主宰。但是這種自我意識又僅處於本能的低層次，與西方文藝復興時期那些同樣強調「生活的物質和肉體因素」的代表作品相比，海派小說中所體現的物質和肉體生活的形象又顯然缺乏「豐腴、生長和興旺」的積極性質。海派作家筆下的物質和肉體，正像巴赫金所說的，「脫離了它們在民間文化中與之結為一體的養育萬物的大地和生生不息的全民身體的統一性」，〔註56〕在某種程度上是已經退化和庸俗化了的物質和肉體。同時也與在西方現代主義文化中發展起來的追求個性與獨創，恰恰要超越常人日常生活的沉淪狀態的自我意識判然有別。海派小說中所顯示出的都市市民雖自私但獨立，雖世俗又有理性，雖物化還不失一種文化選擇的主體意識的精神特徵，即證實著都市新市民的覺醒，又暴露其侷限和異化的傾向，但這畢竟又是現代市民與封建市民相區別的分水嶺。

以上分析基本上可以顯示出海派文人及其創作的精神特徵，這是與作為英、法的租界地，全面移植資本主義的商品生產、經營管理、城市建設和生

〔註56〕《巴赫金文論選》，中國社會科學出版社，1996年，第122頁。

活方式的上海密切相關的。具有現代意義的海派文學崛起之時正是上海的都市化，事實上也可以說是資本主義化達到高潮的階段。一方面由於新式教育的擴大和不斷積累，中小資本家群體的壯大、新興職員階層的形成，文化消費主體開始從社會上層普及到中間階層的新市民大眾；另一方面，生活在上海的海派文人適應著新文學讀者隊伍的擴大，上海的現代文化事業根據經濟理性法則經營的性質，也接受了文人在現代社會中作為出版商的雇傭者（或者本身即為出版商）、賣文為生的生存狀態，從知識份子自譽為舉托「經國之大業」的神聖角色，向社會雇傭者的職業化的世俗身份轉變。不同程度地開始對都市市民實用的、經濟的、自利的日常生活意識和人的世俗性質有所體認，而疏離、反感甚至專事消解知識份子所一向強調的社會理想和精神價值的神聖傳統，顯示出伴隨著資本主義經濟活動的發展，其合理化、商品化、工具化的進程也日益滲透進人的思維、精神的主觀層次和日常生活領域，體現著海派小說作為現代市民文化的濫觴——海派文化的意義載體或說是表徵的精神特徵，反映了知識化的市民群體和世俗化的文人群體相互間的影響和滲透，現代知識份子在現代社會中分化的一個方面。

原載《文學評論》，1999 年，第 6 期

張承志小說詩的素質

　　在張承志短短的寫作生涯中，他迅速地開闢了兩個藝術的天地。一個他借用了倫勃朗的彩筆，點染著草原那「碩大無朋的花藍」裏應有盡有的繽紛色彩——「夢幻般的淡藍」、「嬌嫩的玫瑰紅」、「銀粉似的星光」、「碧綠的草原」，山巒、小溪、蒙古包、畜群——這是透明的具象的實體世界；一個他借用了梵高的濃烈厚重色彩，燃燒著個人情感，狂熱地無所顧忌地塗抹著「焦乾焦乾的黃山包子」、「紅得刺眼」的地窩子、「像一盆顫盈盈的鮮紅的血」的太陽、「赤裸的被烤得開裂了」的銅褐色的岩石，他不要層次，不要細膩和豐富，只一味一遍又一遍地堆積著厚厚的色塊，粗線條地重重地鑿刻著形體單純的象徵物——這是半透明的半抽象的世界。這兩個世界儘管不同，但它們的天空裏都躍動著詩的韻律，飛舞著詩的精靈，以詩為文，以文寫詩，這是張承志小說創作的一大顯著特色。

　　要談小說的詩的素質，無可避免地首先要界定詩這一文體的風格性質，但在詩與文學的其他樣式之間又的確無法劃上兩個互不重疊的圓圈。因為在文學發展的長河中，不僅存在著各文體間的互相滲透，互相融合，而且各文體本身也在不斷發展、不斷豐富、不斷創造，因此本文對詩的理解，只能說是相對的，有所側重的。

　　談起詩，人們幾乎毫無例外地要提到抒情。實際上，抒情不過是詩的表現形態，詩從本質上，從精神上來說，是一種「『自我反映』的模式」，正像黑格爾所說，「它所處理的不是展現為外在事迹的那種具有實體性的世界，而是某一個返躬自省的主體的一些零星的觀感、情緒和見解」。在這一點上，詩與小說是各有側重的。小說從傳統的文體風格上看，強調的是狹義的「模倣」，

講述在時間這一維空間所發生的故事，以外在的世界為其表現對象，因此，它以創造一個能夠引起讀者幻象的具有真實感的虛構世界為目的，使人們從中看出這一世界與自己的經驗世界的部分重合，產生類比和聯想；而詩則不同，它表現的是 • 種心靈的狀態和情感，它所創造的詩的境界要引導我們去感應和領悟。正是由於詩與小說的歸旨不同，這就決定了詩人與小說家在創作中的思維方式勢必不同。結構做為思維方式的物化形態，做為思維邏輯的軌跡，也勢必要把這種不同表現出來，因此，從結構入手來確定詩的「本質」、「定義」，也許會獲得更多的普遍性。

綜觀張承志的小說不難發現，作者非常習慣於以詩的幾種結構模式來構思小說，他創作初期所常用的結構模式是詩歌的一種「寄託式」。這種方式以一人或一物做為觀照的對象，以此來寄託和抒發創作主體的觀感、情緒或一種哲理的領悟。往往詩的全章要旨就在於做結的那個「詩眼」，它是結構的「紐」或核心。張承志的初期創作基本上都可以做為這樣的詩來讀。如《騎手為什麼歌唱母親》裏的額吉是觀照的對象，敘述人「我」是感受的主體，後者從前者身上獲得激情，受到啓迪，最終所要抒發的是：「在『額吉——母親』這個普通的單詞中，含有那麼動人的、深邃的意義。母親——人民，這是我們生命中的永恒主題！」這一挈領全文的「詩眼」。另外，《阿勒克足球》、《白泉》、《紅花蕾》、《靜時》、《綠夜》等等大都如此。

這種結構無疑是很初級、幼稚的那種，但也不能否定這種直抒胸臆的方式產生過很優秀的詩篇，關鍵在於感情的強烈與真摯，因此它易於受到為一種激情所驅使，急於渲泄的初學者的青睞。張承志初登文壇時的狀況正是如此。在感情的衝擊下，他幾乎是迫不及待、水到渠成地應用了這種結構，感情藉此得到了一瀉無餘，痛快淋漓的抒發。

張承志是在對烏珠穆沁草原的不可遏止的思念中，在對額吉——母親不可擺脫的懷戀中拿起筆的。母愛、額吉、草原疊化為一，成為他作品所謳歌所讚美的主要對象。在這裡，作者從小失去父親，母親倍嘗艱辛把他撫養成人的個人經歷，使張承志對於「撫育」之恩有著刻骨銘心、一觸即發的理解和敏感，從對自己的母親到額吉、草原以至延伸到人民的撫育之恩的感激之情互相激發、貫通、融彙，形成一股超凡的震撼力和衝擊力的激情，宏大不失綿密，綿密不流於瑣碎。

在張承志那裡，母性是他的偶像和宗教。這種偏愛和神聖的感情是如此

之強烈，以致在作品中，作者對於女性的讚美基本上都帶有母性的特徵，不管她們的身份是奶奶（《黑駿馬》），還是情人（《黑駿馬》中的索米婭），小妹妹，（《綠夜》中的奧麼格），最終讓作者匍伏於地、頂禮膜拜的是她們身上生養一切生命，溫暖一切生命的母性，在這聖潔的光環的照耀下，哪怕是她們身上的缺陷、愚昧也具有了一種不可蔑視的莊嚴感。

母性形象在張承志小說中所占的地位前後有很大的不同。張承志初期創作的心境使一切都籠罩在回憶的光波裏，溫馨的氛圍下，這時他看到的都是美麗的景色和美好的事物，簡直可以說他在頂禮膜拜地向著神聖的母性虔誠地唱著讚美詩。這時的母性形象在作品中佔據著主要地位，是作者靈感的來源和創作的主旨。但這種無條件的認同和讚美的激情使人無法冷靜地審視生活，審視自己，雖然作者獻給偉大母親的讚歌是神聖的，但其中難道不是潛在著對於「庇護」本身的眷戀和向往嗎？此時的張承志還未意識到，成熟的人生必須從母親的懷抱中走出來。從《黑駿馬》開始透露出轉變的資訊，到《北方的河》、《三岔戈壁》、《大阪》等等已經十分明顯，其中的母親與妻子形象在作品中不僅退居到次要地位，更重要的是，作者對於她們的態度轉變了，她們成為主人公在獨立人生搏擊中的安慰。這不是偶然的現象，說明作者已具有了獨立人格的力量，對於生活的認識和理解開始步入富於個性的更高層次。

張承志小說給人留下深刻印象的另一種詩的結構模式是「情景交融式」。如果說，在「寄託式」結構中，情對於抒情對象來說，還是外在的，直白的，那麼，「情景交融式」已經達到情緣物發，物我為一的詩的境界。主體情思與客體表相往復交流，人情與物理互相滲透，融合乃至相互包含，使「寄託式」直抒胸臆的表達方式能夠得到含蓄而又更為強烈的表現。這種結構不是就某一局部而言的，而是指小說的整體構思都建築在情景交融的框架之下，最為典型的例子是《北方的河》。

作者對黃河、額爾齊斯河、永定河、黑龍江幾大河流及湟水之濱的描繪和想像，始終與主人公的經歷、及情感發展平行起落相扣，主人公在幾大河流的氣勢和狀貌中找到自己，認識自己，把自己的主觀世界移情於無知無覺的客體世界，使它隨著主人公的情感起伏波動，同時也使自己抽象的無形無體的精神氣質得到具象的表現，這種主體與客體的互襯互補，盡情盡意而又蘊藉深沉地表現出主人公的精神世界及對人生歷史的思考。

在張承志作品中出現更多的是人與自然的對立狀態，冰峰、大阪、戈壁、沙漠，……都是人所要去克服的強大的異己力量，但即使如此，它們仍與人的精神有一種契合，一種融彙。如《三岔戈壁》，從頭至尾是主人公對漫漫茫茫的三岔戈壁的靜觀默想，雖然，人在征服這「灰朦朦鐵硬硬的」的戈壁灘的鬥爭中「像是陽光烤曬下的一團黑黑的螞蟻」，然而，人與戈壁灘又都承受著一個超人，超自然的力量——太陽的播弄。「它耐心地慢慢煎烤著山陽的赤褐葉岩，岩石像是忍不住那無聲的灼疼了，於是綻裂了密麻麻的折皺和碎紋。」——這是寫戈壁也是寫人——「三岔口連大帶小七八個女人，都留著這麼一頭亂蓬草，都長著這麼一張曬裂烤焦的黑臉；乾旱的荒山、乾涸的河床、堅硬的礫石與人的生活的荒漠、悄無聲響和凝固相契；而戈壁灘由「兩條大河彙在一處乾涸了，沒有水可是還在向南方流，流出一川嚇人的鐵色」的命運和精神與人的命運和精神暗合，人與戈壁灘互相滲透著蒼涼與雄壯的精神氣質。在很多作品裏，張承志還經常是把情景交融式的結構與下面所要談到的「象徵式」混合併用的。

「象徵式」結構模式是在張承志近幾年的小說創作中所常見的，這是一種「詩化的高層建築的手法」。可以說，張承志的初期創作就已不僅僅是作為一種「描述」存在，達到了作為一種「隱喻」〔註1〕存在的層次（以母性形象隱喻人民），在《黑駿馬》、《北方的河》中，則開始使用了像「黑駿馬」、「彩陶」這樣一些的局部象徵。最近，也就是他所開闢的第二個藝術世界，已達到總體象徵的層次，使小說成為一個整體的象徵系統。在這個系統中，人物、情節、事件都極端地簡單化、平面化了，但思維的空間與時間卻擴大到無限，持續及永恒。這些作品，往往以一個主要象徵物做為結構目標（如大阪、九座宮殿、黃泥小屋，戈壁），這些物象凌駕於現實之上，給小說所描繪的具體世界以向上拔高到形而上的哲學境界一個拉動力，使小說雖在描寫現實卻又能超越現實，雖在傳達一種經驗，卻又能超越這種經驗。

在象徵物象的牽引下，小說的結構線索也象徵化了。人們也許早已注意到了，張承志經常以「走」做為小說的結構線索，而情節越趨淡化，以至「走」甚至可以成為情節本身，如《大阪》、《九座宮殿》，《終旅》、《殘月》、《晚潮》等等。主人公不管是現代學者、信徒、還是底層人民，不管寫的是今天還是

〔註1〕 本文在這樣的概念下使用「隱喻」與「象徵」這兩個術語，即隱喻指用甲事物暗示乙事物；象徵具有多義性、不確定性。

過去，都在重複著同一動作——向著一個明確的目標，即主要象徵物（或者是世俗的、或許是宗教的、或許是自然界的）不停頓地跋涉——「走」（即使不用「走」的動作，也是類似節奏的，如不停頓地刨地之類的動作）。在這不斷重複的動作上，昇華出帶有某種哲學意味的象徵性。具體的翻越大阪．尋找九座宮殿、向往黃泥小屋、或去做晚禱，保衛沙家堡的「走」抽象化爲一種人類永恒的動作，歷史人生的不同內容，沉澱凝聚爲同一的形式。這讓人感到，向著目標的「走」似乎把時間軸上過去、今天、未來的三點連成了一條永遠沒有歸宿的直線，在這條直線上，有著綿亙萬古的人類抽象的追求、希冀和奮鬥。由此，張承志創造了一個「誇父逐日」的境界，不管作者是有意識的還是無意識的，在不停頓的「走」的結構框架之中，包含著這一潛在的神話模式，它具有著獨立於任何時代的永恒價值，暗示著超越時空的永恒的歷史與人生的形式。這可以說，是張承志以哲學家歷史家的高度和藝術家的悟性所捕捉到的我們民族，甚至是人類的濃縮了的基本文化形態之一。

　　不管我們是否贊成原型批評的基本理論，不管我們能否斷定這一神話就是集體無意識顯現的形式，有一點是可以肯定的，在古今中外文學史上，它是「典型的即反覆出現的意象」，是一種具有代表性的形式結構的模型。屈原的《離騷》、吳承恩的《西遊記》、魯迅的《過客》，以及但丁的《神曲》、歌德的《浮士德》、等都非常明顯地是這一程式的循環演變，這也許是張承志小說具有極強的震撼力的秘密所在吧。讀張承志某些作品，大有使人感到「在這種時刻，我們不再是個人，而是人類，全人類的聲音都在我們心中共鳴」〔註2〕的力量。

　　在象徵的結構框架下，作品裏的人物也普泛化了，可以說寫張三不僅僅是張三，寫李四不僅僅是李四，而是一種具有抽象意義的人。比如《九座宮殿》中的那個冒著「火苗般毒燙的太陽光」，「天天看著茫茫漫漫的白沙漠，守著這塊紅膠土」的韓三十八與蓬頭髮的博物館考古隊員，他們的理想目標都是要尋找九座宮殿，這個重合不僅使九座宮殿具有了象徵意義，代表著無止境的不可企及的理想，或者說一個本身就意味著追求而不是終結的抽象理想，而且使人物本身也具有了象徵性，你可以認爲韓三十八代表著「泥腳土臉」的底層人民，也可以說是更原始的人，你可以認爲那個考古隊員代表著受過高度文明教育的學者，也可以把他看成是現代人。他們共同的尋找那個虛無漂渺的九座宮殿而不可得的悲劇可以說概括了歷史、今天與未來的人類

<hr>

〔註 2〕 榮格語。

行為的模式，也可以認為是概括了現代學者與未開化人的共同的行為模式，也就是永遠追求，永無止境，人生就是這樣一個永遠不會滿足的動力系統。張承志小說的抽象性與非寫實傾向，說明他的目的不是再現事物，而是用再現出來的事物創造一種形式格局，給讀者留下廣闊的思維空間，讓他們用意義和價值去補充、豐富。

綜上所述，張承志小說所常用的這幾種詩的結構模式是詩的表層。結構形態，它們可以是多種多樣，永遠花樣翻新的，但無論怎樣複雜，有它內在的起組織作用的原則：一是主觀的，而非客觀寫實的；二是「暗示」的，而非說明的，這是詩的本質性的表述方式。張承志小說非常突出地運用了詩這特有的表述方式，以詩的精神來組織自己，從而達到了詩的特殊的境界，因此，雖然他也講述故事，也在描寫和敘述，但他是把廣闊的世界及其紛紜萬象都吸收到他的自我裏去，以深刻豐富的內心體驗，讓這個世界充滿了觀照和感受的活力，把這個世界帶到了意識的光輝裏。雖然他也塑造人物、描摩事物、組織情節，但他以哲學家的抽象思辨、歷史家的宏觀視野賦予深刻的「暗示」以含義，從而使小說達到「形而上性質」的層面，具有著崇高的、悲劇性的、神聖的審美體驗。

詩歌的生命還在於節奏，一首詩可以無韻，但不能沒有節奏，當然從廣義上來說，小說你也可以說它有節奏，但這種節奏是直率流暢不守規律的；而詩的節奏是低回往復，遵守規律的，這是狹義的節奏。一首詩無法譯為外文，或本國文中的另一種體裁或是另一時代的語言，就是因為義可傳而節奏不可傳。節奏與情緒密切相關，可以說是傳達情緒的最直接最有力的媒介，甚至節奏本身就是情緒的一部分。張承志小說讀起來所以具有一種濃烈的詩的韻味，一個很大的原因就是他具有著駕馭詩的節奏的能力。當然，節奏表現於小說之中，就不是靠格律、韻腳造成的，而要完全憑著內在的、情緒的文字意義去傳達。

張承志能在小說裏寫出詩的節奏，是因為他掌握了詩歌節奏所特有的周期性、循環性。他的小說往往跳動著兩種交替往復的節奏，一方面是沉重而低緩的周而復始的循環；一方面是堅實的鏗鏘的單調一律。就前者來說，除了作者深沉而濃厚的情緒溢於言辭之外，為了加強這種節奏，作者還常常在小說裏貫穿質樸而古老的民歌，比如《黑駿馬》、《騎手為什麼歌唱母親》、《青草》、《向泉》等等，那悠長而往復不已的民歌與小說內容相互映襯，它不僅

在結構上起著縫合作用，而且控制著小說的節奏，使之富於低徊纏綿，一唱三歎的韻律。當然，這種手法也是外在的，更重要的是張承志所描寫的生活本身給人意念上造成了周而復始的低緩節奏。

張承志少寫具有獨特意義的某人某事，他總把某人某事放入歷史的循回之中，使之成為祖祖輩輩傳統生活的再版。在《黑駿馬》裏，索米婭最終是奶奶的替身，雖然新生活曾向她招手，但她「到底還是沒能逃開蒙古女人的命運」，重複著奶奶，實際上代表著世世代代蒙古女人艱難的生活道路。《九座宮殿》裏的韓家工「祖輩就挖開紅膠泥撒下種子，壘起紅土坯蓋起地窩，藏起那個心願（尋找九座宮殿）蹲在了這兒。」一直傳到韓三十八，仍然是守著上輩留下的這塊紅膠土，修整著前人留下的老渠，種著韓姓世代所賴以活命打發日子的包穀麵、大黃杏。《黃泥小屋》開篇就描寫了回回們一代代所走的「三邊」道，不管是「在紛揚的大雪和瘋魔的狂風中」，還是在「爆烤般的夏日酷暑和凍硬的陰沉長冬裏」，「總是能夠看見一些頭戴白布帽的人，他們沉默著，在那些小道上一步一陷，他們遠遠地避開喧囂的世界，走得匆匆忙忙」，主人公蘇尕三最終也未逃離這個行列。在《晚潮》中，雖透露出結束沉重生活的新資訊，但終篇卻是老母親一邊紡駝毛，一邊暗自尋思，要把兒子剛啃淨的牛前腿骨給未來的媳婦做一根新紡錘，暗示了生活的又一次重複。這就是張承志在作品中給人生所劃的一個又一個的圓圈，雖流動生展，卻又常迴旋到出發點，沉重得幾乎滯留。

與這個節奏共同振動在張承志小說中的，還始終貫穿著另一種鏗鏘、堅實的單調一律的節奏，它一般是通過人物單一的行動表現出來，在《黑駿馬》中，白音寶力格的行動線是騎著黑駿馬尋找索米婭；《九座宮殿》裏的韓三十八一直是修整老渠；《黃泥小屋》韓二個的形象就是「披著件襖，捏著柄鑊，從一片地到另一片地，從一座山到另一座山地刨著幹著」。更多的人物象前面已提到的，在不停頓地跋涉，「走」。行動一旦簡化到單一，本身就是一種均衡的節拍，傳達出堅忍不懈地追求的意象。

這兩種節奏，賦於小說以生命與詩的韻律，是張承志從生活的全部感受中所把握住的歷史與心史的節奏。一方面是生活循環往復的圓圈形式，一方面是人生為了突破這圓圈所做的堅韌的不懈的追求。在《綠夜》中，他曾借人物之口傳達了自己的人生觀：「生活總是這樣：它的調子永遠像陝北的信天遊，青海的花兒與少年，蒙古的長調一樣。周而復始，只有簡單的兩句，反

覆的兩句。」他還說過：「我喜歡這樣的人生態度，能忍受，體味生活和底層的苦，但不被它殺了元氣；用一種開朗的，進取的，散漫的態度看人看社會。」由此我們可以感受到張承志小說獨有的節奏所包蘊的深刻的哲學內涵。

批評家看文學，越向後站，眯起眼睛，就越會略去一切繁文細節，而看到它的原型組織。文學家看人生，看歷史也是如此，越向高站，越從大處著眼，就越會略去一切光怪陸離的人生世相，而看到活動方式，運動程式的趨向一致。應該說，這是通向深刻的道路，然而也是容易導向枯竭的絕路。

「現代小說藝術都在追求以詩的精神來組織自己」，〔註3〕中國新文學自誕生以來，小說就顯示了這種自覺的傾向。現代小說奠基人魯迅的《狂人日記》憤激吶喊，「直抒胸臆」，《故鄉》被稱為「東方的偉大的抒情詩」。周作人在一九二○年就提出了「抒情詩的小說」的概念。在我們這個詩歌的國度，現代小說藝術與抒情詩的融合幾乎是與生俱來，水到渠成的，一誕生就顯示了它的成熟，渾然天成。經過廢名、沈從文、蕭紅、艾蕪、孫犁等作家的刻意追求，不斷發展，我們可以看到，中國現代小說與詩的結合，吸取了中國詩歌的精華，偏重抒情，情景交融的詩之意境的創造，表現自然美、情感美、道德美，而所缺乏的也正是中國詩歌的弱點，少一種宏大的建構，深邃的哲理的根柢。中國詩歌所表現出的思辨色彩，只能稱之為「理趣」，一些小感悟、小興歎。朱光潛先生曾經說，「中國詩達到幽美的境界而沒有達到偉大的境界」，這也許可以用來給中國文學做結。張承志的小說，更準確地說，他近幾年的創作雖然還不能稱之為偉大，但已顯露出他在朝著這個方向邁進。矗立在豐厚沉實的歷史與哲學底蘊上所顯示出的高屋建瓴的氣勢，要建立無限的時間與空間的宇宙意識的努力和對人類世代繁衍，生生不息的堅韌執著地奮鬥不止精神的表現，都給人以一種偉大崇高的力的美感，他拓展了小說藝術與詩歌精神相結合的領域，給詩化的小說藝術帶來了嶄新的美學風格。

原載《小說評論》，1987 年第 3 期。

〔註3〕韋勒克、沃倫：《文學理論》，第 240 頁。

張承志的「金牧場」

　　《金牧場》對於任何一個張承志的讀者來說都不會感到陌生。它不僅是張承志二十年個人經驗的一次最大規模的集中，也是他十幾年創作生涯的掠影。他仍擁抱著內蒙古大草原、新疆的天山腹地、甘寧青伊斯蘭的黃土高原這三塊屬於他的大陸，執著於自己思考的問題，塑造著張承志式的人物，傾訴著自己的真摯的心曲。然而，這又決不僅僅是重複，小說在精神視野上的拓展，作者對人生的新的確認與思索，使這些曾經被使用過的材料又得到一次昇華。

　　張承志的人生哲學如果以幾何的抽象形態表現出來，是一條永無歸宿的直線與不斷循環的圓圈。只要我們回想一下張承志近年來的創作就會發現，他經常以一個主要象徵物（如大阪、九座宮殿、黃泥小屋、山之峰、「念想」等）做為結構目標，而這些存在形式不同意義相同的符號本身是不可企及、永無終結的理想的象徵，同時又以張承志式的人物（考察隊員、蓬頭髮的城里人，蘇尕三、鐵木爾、楊三老漢等）做為貫穿全文的結構線索，對無限的理想進行不懈的追求。這樣，在目的與行為之間就構成了一條可以聯結人類的過去、今天以及未來的精神歷程的直線。在《金牧場》中，張承志把這明晰化成宗教意識。

　　這種宗教意識是建立在獨特的感受與理解之上的。宗教在某種意義上說，是一種理想與希望，這是人類的本質，人們總是執著自己的理想，堅持美好的追求。這與張承志在作品中所劃出的理想與追求者之間的那條永無終結的直線是一致的。它為張承志所苦苦探尋的自我，所執著追求的自我的人格找到了精神上的歸宿，是張承志對自己的「血」與本質的一個確認。

　　張承志似乎是一個苦苦「修行」著而又困窘於現實的嘲弄但仍然在絕望中

充滿希望地追尋著的聖徒。從《金牧場》中，我們可以體驗到張承志那顆「掙扎著痛苦與熱情」的心。過去，張承志作品中「聖地」的符號多是渺茫的，高不可及的，但在《金牧場》中，抽象的象徵符號又有著具體的實在的意義，既遠又近，既高不可及又能夠抵達，既是神聖的又是被褻瀆的。做為《金牧場》的兩大主要線索的發展：當主人公與額吉及阿勒坦·努特格大隊不顧一切代價，滿懷著希望與憧憬，忍受著「鐵一樣殘狂的雪災」的抽打，回到他們失去的「伊甸園」——阿勒坦·努特格（黃金牧地）時，回答他們的是不予接收的一紙驅令，當主人公在日本與平田英男頂著極度的疲乏，帶著已不是工作，而是「以命相托」的熱情，一字一字地考證推測出那殘缺不全，鬼符天書的古文獻《黃金牧地》時，他們所受到的是抄襲、無知、污蔑回族維吾爾族的攻擊。而那些慷慨激昂的紅衛兵長征隊伍，為了援越抗美而噴灑了滿腔熱血的大海，不也同樣受到了歷史的無情的嘲笑嗎？在這裡，行動與實現之間，想像與真相之間，期望與實際之間斷裂著一個巨大的諷刺性的差距，一個滑稽的荒謬的悲劇。這是一切不進教堂的信徒埋藏在深處的心酸與不可掩抑的悲痛。但是，人類的奇迹與極致也就在這裡表現出來，那就是永恆的憧憬與不死的激情。

張承志通過作品主人公「一次一次地把結束當成了開頭」，「把生命交付給了道路」的追求，表明了自己的人生態度。他不願向我們布道，聖地、天國、未來是多麼美好；他也根本不需用這些美麗的真理或是謊話來說服自己和別人去追隨，去信仰，他衹是「為了回應自己內心中一個緊急的、最終的呼喚」，他的生命就是虔誠的熱流，他執拗地宣佈「我是」！「我願」！而不是「我應該」。他清醒地意識到自己的位置——前衛，即使面對「礫石荒灘」，「萬仞壁立的高峰」，即使「每行一步就傷殘一次」，他「只能面向前方」，這是清醒的理性，更是具有著無限力量的信念。

張承志的創作還經常暗蘊著一種輪迴的循環和重複。在《黑駿馬》中，索米婭最終是奶奶的替身，雖然新生活曾向她招手，但她「到底還是沒能逃開蒙古女人的命運」；《黃泥小屋》中的蘇尕三，儘管他一心追求著一個溫暖的家，但他最終又不得不重新踏上回回們一代代所走的「三邊」道；在《綠夜》中，小奧雲娜不管她有著多麼甜甜的酒渦，多麼像「小天使」，「快樂的小河」，但長大了也是對母親和奶奶的人生的一個循迴；《九座宮殿》中那個蓬頭髮的博物館考古隊員與死守著紅膠土的韓三十八有著尋找九座宮殿而不可得的重合。這些模模糊糊的循環與重複，作者在《金牧場》中把它們稱為

「類」與神秘的生命所「暗自挾帶著一種命定的聲調或血色」。

《金牧場》是由一個套一個的大小圓環結構起來的。這部洋洋近三十萬言的小說分為 J（Japen 日本）、M（Mongolia 蒙古）兩大部分；在作品的組織結構層面上，M 部：主人公的到內蒙古插隊與離去是個大圓環，其中穿插著文化大革命時期紅衛兵長征由開始到結束的回憶，構成一個附著的小圓環；J 部：主人公的抵達日本與離開日本是一個大圓環，其中穿插著主人公去新疆、甘寧青地區得到的感受，這與終篇主人公準備再撲向那三塊屬於他的大陸的重新啓程，又構成一個附著的圓環。在人物、背景的層面上，對於主人公來說，他人生的這些一次次的大遷徙，是追求與終結再重新開始的一個套一個的圓環。而他人生的每一個圓環又聯繫著與他的同類人所構成的循環。比如，在內蒙古部，主人公與年輕時的額吉在同樣年齡走向同一個阿勒坦‧努特格；在日本部，主人公對人生的認識的軌跡是對小林一雄的循環；而對於夏目眞弓來說，主人公是她過去的戀人，那個信仰馬丁‧路德‧金的美國黑人青年的再現，等等。在形而上的層面上，貫穿小說始終的對《黃金牧地》的注釋，不僅是對古文獻的解讀，又是對小說本身的畫龍點睛，它像是一個超越了時間與空間限制的上帝，向著綿亙不絕的人類中那一支「不甘於失敗，九死不悔地追尋著自己的金牧場」的高貴血脈預言：「經死亡之路至黃金牧地」。在這一永恒的啓示下，小說的人物、情節的層面瞬時閃耀了光輝，使人透視出這兩者之間的重合，聯接成一個「類」的有機整體：主人公「我」、額吉、楊阿訇、平田英男、夏目眞弓過去的戀人、大海等與古文獻中記載的那五個英雄勇士，他們雖然有著人種的不同，國度的不同，時代的不同，信仰的不同，生存方式的不同，但他們是「一個走向黃金牧地的家族」，他們之間處處存在著精神上渾然無間的相通，心靈上動人心魄的感應，從而使小說展開了一個貫通宗教的、現世的、古老的、現代的宏大的精神視野。

在這裡，張承志所一貫堅持的「人民」主題得到進一步的發展。在張承志初期作品中，額吉形象一直是人民的象徵，是他歌頌崇拜的對象，他們之間的關係是歌頌與被歌頌的關係，額吉高於作者。儘管作者對額吉的感情是發自內心的，是眞摯的，但畢竟還是外在的。在《金牧場》中，主人公與額吉已化成一個「類」，這就具有了一種天然的、內在的聯繫，他們之間雖然沒有血緣上的承續，卻流淌著同一類的血。正像主人公從心底裏發出的對額吉的無聲傾訴：「我雖不是你親生的兒子甚至不能眞地算是被你抱養，你雖然沒

有傳給我你的血但是我繼承了你的魂。」他們之間無聲無語的交流，心心相印的撞擊，深入骨髓的理解是貫穿《金牧場》沉厚的感情的激流，它穩穩地一波接一波地衝撞得人心發痛發燙，這是作者與人民的更為深層的聯繫。

正像張承志所說的生命一樣，這篇小說裏也「暗自挾帶著一種命定的聲調和血色」，開篇那匹灰白寒磣的老騍馬注定會生出一匹有著「高貴的黑顏色」駿馬的奇迹，劃出了遺傳的神秘的軌迹，閃現出生命的一個隱藏的秘密。這個命定的意識在小說中時隱時現，主人公對流淌在自己身上的血的瞬間感應，對意識到自己在安身立命的選擇中受著「血的驅動」的震撼，對「母親已經一步步地變成了她的媽媽」的慨歎，最後，小說以主人公的小女兒追逐太陽那個「巨大得不可思議的紅輪」的場景終篇，暗示著小女兒對自己血液的承續，這是主人公最大的欣慰、最大的感動與最大的自信，顯示著他堅守聖徒般高貴人格的又一輪迴，是歸宿，也是新生！

《金牧場》通篇燃燒著如梵高般令人顫慄的烈火的紅色與沉重而深沉的藍黑色，閃爍著莽莽蒼蒼深厚無際的大陸給張承志的「神交般的啓示」，它是張承志累積了二十年的思索與熱情的一次淋漓盡致的噴射和傾訴，它像他所喜愛的日本歌手岡林信康一樣唱出了「眞正的我自己的生命之歌」。

原載《文學自由談》，1987年，第6期

「比如女人」——皮皮

　　自從皮皮離婚以後，儘管我們是朋友，可我沒有做任何在這樣的時刻一個朋友所應做的事。但，我沒有任何的不安。因為我感到，此時，皮皮在拒絕我。我深切地覺得，她想帶著一顆受傷的心靈，遠遠地避開人們的注視，一個人靜靜地自己修復自己。我沒有擔心，因為我知道，她有這個能力。儘管我也知道，她過去的丈夫，作為她情感與事業的支柱，對於她是多麼的重要。

　　我又見到她，已經是幾年之後了。記得她給我打來電話，當我趕到見面的地點，高挑的她，穿著一件黑色的無袖亞麻短衫，下面是一條長及踝骨的墨綠色的亞麻裙，一雙麻底麻幫的中式黑色老頭鞋，一頭垂肩的披髮。遠遠地望去，沒有表情，沒有動作，只有一個高高的暗色的輪廓，像是一縷兒從某處幽閉的地方偶爾溜出來的長長的影子。不用說什麼，我馬上知道了她仍舊沒有從離婚的陰影中走出來，這使我多少有些意外……

　　後來，我收到她給我郵來的一本新作：《渴望激情》。閱讀這本書，我當然不是一個普通的讀者，作為一個已經開始隱隱為她擔憂的友人，我希望這本書能夠讓我發現她的癥結所在，給我一個能夠去勸慰她的機會和理由。真的，我是在不絕的揪痛與感動中讀完這本書的，我流了很多的眼淚，不是為了她筆下虛構的人物與故事，而是為了皮皮那顆受了傷害，還要掙扎著去理解造成傷害的事與人的努力和境界。雖然這本書是一個離過婚的女人在講述一個離婚的故事，但其中全然沒有宣泄不平和委屈，或是討伐男人的復仇的激情，而是一個能夠「離開自我」，有理性的又倔強的離婚女人，在頑強地要搞明白，這一切是因何發生的？她完全不是在向對方，祇是在向自己討個說法。

　　《渴望激情》中的男主人公尹初石和女主人公王一婚姻的失敗，不是因

-215-

為相互的相差懸殊，也不是因為情感的隔膜或性格的缺陷，在世人的眼中，他們是非常美滿的一對。但他們無法逃避的是婚姻制度本身的困境，即夫妻雙方在日復一日，年復一年的重複與沉悶的日常生活中，新鮮感與激情的喪失。正是在這樣的婚姻生活的對比中，尹初石遭遇到的激情才具有了不可抗拒性，因而也具有了合理性。為了突出這一點，作者甚至不惜讓她的女主人公也遭遇到同樣的不可抗拒的激情。同樣的體驗，同樣的感覺，使王一在受到傷害的同時，又深深地理解了丈夫，使她能夠超越愛的激情的受害者的身份，告訴丈夫，向世界宣佈，「愛是無罪的」，「愛情沒有真理，只有感覺」，「認真愛過的女人還有男人」都是可敬的。這個主題本來沒有什麼特別的內涵，但以一個受到第三者傷害的妻子的身份，去理解自己丈夫和他情人的愛是無罪的，就具有了非同尋常的震撼力。皮皮講述的這個故事，讓我知道她已經從離婚女人的挫敗感中走了出來，她已經能夠反省和審視那段曾經讓她痛得幾近瘋狂的打擊了，她為自己婚姻失敗所找到的解釋是多麼的明智，她沒有責備自己，也沒有責備別人，她正以一顆容納一切的崇高心靈在吞下生活釀給她的苦果，她的堅強、大度和自尊使這個婚外戀的悲劇也昇華出一段聖潔的情感。我除了敬佩她，完全無話能說。

這本書給皮皮帶來了很大的聲譽，用一般社會的標準也可以說取得了很大的成功，名利雙收。不過，皮皮自己對這本書評價並不高，我知道在她心目中的聖殿還是純文學創作的藝術實驗，她有這個能力。記得我曾讀過她發表於《收穫》上的一個短篇小說《全世界都八歲》，她在一群頑童對於一個瘋人出於天性的殘忍的玩耍舉動中，和整個世界之間建立起一種隱喻的關係，驚心動魄地揭示出世界的本性，是我讀過的中國當代文學中不多的幾篇真正震動了我的心智與神經的小說之一。最近，我看到這篇小說已經引起香港大學生的注意，把它和馬原、余華、格非等最先鋒的小說相提並論，皮皮的藝術才能沒有被埋沒，開始進入了人們的視野。所以，以皮皮創作先鋒小說的藝術經驗積累和思想情感的深度來寫作流行小說，當然會有著一般所不可企及之處。她雖然給了這部作品一個流行故事的框架，但其中所蘊涵的豐富而強烈的情感和敏銳而細膩的感覺都是只有具備純文學的修養和筆力才能夠駕馭得了的。

又是幾年以後，皮皮又給我郵來了她的第二部長篇小說：《比如女人》。我是在去重慶開會的飛機上安靜地讀完這本書的，這仍是一個離婚的故事。如果作為一個普通讀者，我不能不承認，我更喜歡她的前一本書，但作為一

個朋友，我為這本書傳達出的資訊而感到高興。

這本書講述的是一個一向以家庭為重的女人，在面臨丈夫變心要與之離婚的滅頂之災的處境下，如何做著千方百計爭取丈夫迴心轉意的無望努力，最終終於重新找回自我，在對於事業的追求中，不僅取得了成功，更為重要的是重建起自尊與自信，並獲得了新的愛情的故事。應該說，這個把古老的英雄救美人，或者說是尋找白馬王子的傳統神話置換為女人自救的現代神話，在現代的流行小說中已經屢見不鮮。但對於我來說，我感到意外的是，皮皮寫作這本書時已經完全換了一個心境。它顯示出皮皮已經徹底放棄了理解男人和理解激情的努力，女主人公劉雲面對「男人有時沒有理由也離婚」的嚴酷事實，終於意識到：女人必須自己尋找另外的出路，才不至於成為喜新厭舊的男人的犧牲品。她的經歷渲染了一個雖然已並不新鮮，但對於女人來說，卻是重要的真正需要認同並實踐的真理。即女人應該和男人一樣，以事業為一生的追求，它才是女人一生靠得住的依靠，而激情不過是過眼煙雲。為了強調這一點，皮皮甚至讓那個遭遇激情的丈夫，最終反被情人拋棄，因為冷靜後的第三者也不相信所謂激情。皮皮就是這樣，以清醒的現實的邏輯褪去了她在《渴望激情》中為激情塗上的神聖色彩，甚至讓它顯得有點滑稽而可笑。不過，離婚並沒有使劉雲成為一個憤男嫉情的偏至的女人，「日常社會很實在的面目」使她相信：「不是每個走在街上的人都背叛自己的妻子和丈夫，也不是每個等車的人都不再相信愛情」，她還相信世界上尚不乏能夠把握住自己的男人，相信還有著天長地久的關愛與溫情。書的結尾是令人感動的，一直默默地關心幫助劉雲的吳剛終於獲得了劉雲的愛情，他們知道：「我們還來得及過個不錯的晚年」。

由此，我也知道，離婚不僅沒有把皮皮壓垮，反而使她在經歷了精神的煉獄之後，以在婚姻的保護下所不可比擬的速度，成長為一個成熟、獨立而成功的女性。即使劉雲不是她的現身說法，也是她要向一切離了婚，或正在離婚，甚而也許以後會離婚的女人所要樹立的一面鏡子，一個榜樣。這面鏡子照出了一個女人要爭取變心的丈夫再迴心轉意的戰鬥是多麼的無助、絕望與愚蠢，在司空見慣的找單位，鬧第三者，跟蹤捉姦等企圖留住丈夫的行動中，喪失的是她最不可丟棄的作為一個人的尊嚴；這個榜樣鼓勵著女人，喪失了婚姻並不可怕，只要你努力去實現自己的價值，你會做得更好。

《比如女人》體現了皮皮對於日常生活中的女人命運的關心，雖然，它

不像《渴望激情》那樣給人以情感的激動和震撼，但它更富有教益，特別是對於女人來說，更是精神的食糧。我想，如果我有一個離婚的朋友，我肯定會給她送去《比如女人》，而不是《渴望激情》。因而，我也開始對我閱讀《渴望激情》而產生的神聖感產生懷疑，或者說，根木就要對神聖木身置疑，為什麼只有那些殘烈的，無理性的事或人才能激起我們的神聖感？是我們的本性殘忍？還是千百年來的文化把我們教化得如此？

　　皮皮，以上是我們在很長一段空白的時間之後，我對於你的認識，不管是否符合，我想讓你知道的是，作為你的一個女友，我由衷地為你感到高興和驕傲！

劉以鬯實驗小說論析

「實驗小說」不是一種固定的文體，它只能說明創作者的一種態度：同占主導地位的文學傳統的常規俗套分道揚鑣，探索新的觀察和反映人生及社會的方法和技巧。但一個實驗的浪潮興起之後會有第二個實驗浪潮接踵而來，作爲對先前浪潮的反動；舊的成規被打破之後，還可能創立出新的成規；此時的新穎手法有可能很快就會在彼時屢見不鮮，成爲大多數作家的慣用技巧。打出「實驗小說」的旗幟，不僅意味著標新立異，而且意味著一種永無止境、永無止歇的藝術追求。

劉以鬯自中學時代起就參加了葉紫倡組的「無名文學會」，並發表了他的第一篇小說。如果從那時算起，他的創作活動已持續了半個多世紀。如果說，在大陸時期還僅僅是劉以鬯文學生涯的準備和初試階段的話，那麼，他的發展成熟期是在他到了香港以後。

在現代商品社會的香港，爲了謀生，劉以鬯不得不大量生產「行貨」，據他自己統計，這類文字累計已達六千多萬字。儘管在這樣的壓力和精力耗費下，劉以鬯仍堅持著他的藝術追求，從不間斷試驗新的技巧和表現方法，精心創作了一批富有創新精神的實驗小說。這樣，劉以鬯的文字筆墨就包括了兩個截然不同的部分，用他自己的話來說，即「娛樂別人」和「娛樂自己」的。對於前者，劉以鬯斥之爲「全是垃圾，必須拋掉」，只有後者才爲他編輯成集。劉以鬯對自己的商品文字和藝術創作的嚴格劃分，反映了一個藝術家在現代商業社會的「被迫」與「不甘」，「屈從」和「尊嚴」，顯示了人的困境和人在這個困境中的一種不可爲而爲之的堅守和抗爭。

凝聚著劉以鬯的心血之作，他的實驗小說不僅屢屢爲香港文學注入新的

活力，即使在中國當代文學的大格局中，也反映和代表了現代小說在中國發展的新特點和新趨向，爲探索中國現代小說藝術的新路途和新境界開拓了新路，值得我們認眞研究探討和認識。

一、劉以鬯的實驗小說理論

可以肯定地說，劉以鬯並未發明出一套關於文學的新概念，並未形成一種新的文學流派的理論。20 世紀整個西方文學觀念的急劇變化和眾聲喧嘩的多元狀態，使人們對文學的認識幾乎林林總總，面面俱倒。作爲一個受影響者，劉以鬯的特點不在發現，而在選擇，他在吸收、消化、綜合、改造的過程中，逐步凸現出個人的特點和所強調的重心，從而形成了屬於自己的實驗小說理論。

任何一種新的文學流派的出現，都絕不單純是一種新的創作方法的出臺，而是整個文學觀念和文學價值觀的更新，對這二者的重新認識和界定也是劉以鬯構築自己的實驗小說理論的基石。

首先在文學本體論的層面上，對「文學究竟是什麼？」劉以鬯提供了一個自己的回答。他明確提出「文學是一種藝術。」〔註1〕這種泛泛而論大概不會有人反對，但他又進一步爲藝術下定義說：「藝術是作家創造形象的手段」，〔註2〕沒有技巧就沒有藝術，也就是沒有文學。他還借用新批評派的觀點說：形式是文學的本質。這些表述儘管所用的術語不同，但它不僅表現了劉以鬯異乎尋常地注重文學的形式和技巧的意圖和傾向，而且表明他已把一向被視爲手段的形式和技巧提到了文學本體的高度。這種移位本身即代表了一種對於文學的新的理解。

也正是基於這樣的認識，劉以鬯要以實驗小說解救小說作爲一種文體所面臨的危機。在《小說會不會死亡？》一文中，他引述 J.M.Cohen 的話說「心理學與歷史智識的增進，加上社會理論的發展，使小說開始在世界各國衰微了。」〔註3〕也就是說，心理學與社會學的發展在一定程度上取代了小說反映社會的認識價值，還有電影、電視業的發展也降低了小說創造形象的審美價值，曾經牢固地支撐著小說「藝術之王」地位的主題、人物、故事情節諸

〔註1〕 《香港文學》雙月刊記者：《劉以鬯答客問》，載《香港文學》雙月刊創刊號，1979 年 5 月出版。
〔註2〕 同上。
〔註3〕 劉以鬯：《小說會不會死亡？》，見《劉以鬯研究專集》，四川大學出版社，1987 年，第 82 頁。

要素在現代社會受到了其他藝術種類和人文科學的排擠。面對小說藝術的各種功能全面受到削弱的狀況，劉以鬯更著眼於小說藝術這一文體本身的改造和更新，他明確指出：「使小說的地位發生根本性的動搖」，「主要是創作方法」，〔註4〕傳統方法置小說藝術於絕境，尋求新的創作方法將會拯救小說藝術於絕境。「小說死亡的時候，可能也是小說再生的時候」，因而他號召「作爲一個現代小說家，必須有勇氣創造並試驗新的技巧和表現方法，以期追上時代，甚至超越時代。」〔註5〕由此顯示出實驗小說的迫切性和必要性。

劉以鬯還把文學本身看作「是一種創造」，〔註6〕從而把文學從「反映」和「摹仿」現實的從屬地位推上了一個自足自律的位置。他認爲「小說不但反映人生，也可以視作對人生的解釋」，〔註7〕小說藝術並不僅僅是對人生和自然的摹寫或翻版，小說家可以充分發揮其獨創性自由地進行各種形式的實驗，創造自己獨特的藝術世界。這種小說藝術的獨立性和實驗主義態度，就使得作家能否提供不同於前人的新東西變得至關重要，成爲衡量作品優劣、評定作品價值的一條新標準。正是從這種新的評價標準出發，劉以鬯認爲「貝克特（Samuel Beckett）的《被逐者》、《沉靜的》與《結束》之所以被譽爲『20世紀最好的短篇創作』，主要因爲他搗毀了前人對短篇小說所定的規格」；〔註8〕「沙洛蒂（Nathalie Sarraute）的小說之所以被沙特（Jean－Paul Sartre）稱作『新小說』，就因爲她有『反小說』的勇氣」；〔註9〕「如果曹雪芹有意俯拾前人的創作方法，他就寫不出像《紅樓夢》這樣偉大的作品來了。」〔註10〕從這些評價中可以顯示出劉以鬯對文學價值評估的新觀念，在小說價值論的層面上，對「小說應該如何評價」提供了一個不同以往的回答，從而與那種以現實作爲參照評定一部作品好壞的傳統現實主義審美標準相區別，至少使它不再是審美的唯一標準。所以，劉以鬯能很固執地認定「寫小說的人要是沒有勇氣探索新路的話，一定

〔註4〕 同上。

〔註5〕 劉以鬯：《酒徒·初版序》，見《劉以鬯研究專集》，第63頁。

〔註6〕 劉以鬯：《酒徒》，李今編《劉以鬯實驗小說》，中國人民大學出版社，1994年，第60頁。

〔註7〕 香港《開卷》記者：《劉以鬯談創作生活》，見《劉以鬯研究專集》，第38頁。

〔註8〕 劉以鬯：《現代中國短篇小說的幾個問題》，見《短綆集》，中國友誼出版公司，1985年，第101頁。

〔註9〕 同上。

〔註10〕 劉以鬯：《酒徒》，《劉以鬯實驗小說》，第10頁。

寫不出好作品」，〔註11〕而鼓勵一切具有獨創性的、摒棄傳統文體、打破傳統規則的新銳作品出現。

劉以鬯視文學為「一種藝術」和「一種創造」的文學觀念，使他把小說創作看成是一種嚴肅而純粹的藝術創造活動，探討敘述文學的特徵和性質，幾十年如一日汲汲於小說形式的實驗與創新。

當然，無論劉以鬯提倡實驗性的小說，還是他進行實驗小說的實踐，無疑地在他前面，卡夫卡、普魯斯特、喬伊斯、佛吉尼亞‧伍爾夫、勞倫斯、福克納等一大批西方現代小說藝術家以及加西亞‧馬蓋斯等拉丁美洲小說藝術家早已為他提供了學習的樣板，指出了探索的道路，他們把小說與幻想、與歷史、與寓言、與詩、與傳記、與戲劇相結合的實驗，都已進入劉以鬯研究吸收的視野，但如何把這些方式和技巧移入現代中國文學的小說領域，不能不說仍是一項艱巨的創造。

與西方現代小說家一樣，劉以鬯也把探求人類的「內在真實」作為他藝術創作的目的。他認為反映事象表面所得的「真實」，終究不是真正的「真實」，傳統的現實主義儘管以「真實」相標榜，事實上也不能做到真正的「寫實」。在劉以鬯的心目中，所謂「內在真實」，即是「人的內心衝突」，是「靈魂鬥爭」。他認為處在這個「苦悶的時代」，「人生變成了『善與惡的戰場』，潛意識對每個人思想和行動所產生的影響，較外在環境所能給予他的大得多。」〔註12〕因而，探求個人心靈的飄忽，心理的幻變，描寫積累在人們內心深處而又不斷地湧現到人們意識表層的各種印象，不僅是真正的「真實」，也是小說的長處。儘管劉以鬯強調內心真實是矛盾的，捉摸不住、飄忽不定的，作家在進行藝術表現時可以是混亂的、難懂的，甚至不易理喻的，但他堅持藝術創作可以不易理喻，但不能不可理喻，藝術家在探求內心真實時，單靠感覺，或無理可喻的新奇是走不出路子來的。〔註13〕

劉以鬯對現代小說家應探求內心真實的主張並不像有些西方現代小說家那樣極端，完全排斥對外部世界、外部行為的描寫，把一切外在的東西都稱為必須刪除的「雜質」，相反，他主張描繪自我與客觀世界的鬥爭，表現客觀世界對人內心的壓力以及人在承受這壓力時的「內在感應」。這種「內在感應」也正是

〔註11〕 劉以鬯：《現代中國短篇小說的幾個問題》，見《短綆集》，第101頁。
〔註12〕 劉以鬯：《酒徒‧初版序》，見《劉以鬯研究專集》，第63頁。
〔註13〕 參閱劉以鬯：《酒徒》，《劉以鬯實驗小說》，第98～99頁。

內心真實的一個方面，只不過它是建立在內心世界與外在世界的聯繫上，也正是在這種聯繫和結合上，更顯示出劉以鬯的小說理論和創作實踐的特色。

與此相應，劉以鬯提出要以「橫斷面的方法」去探求人類的「內在真實」。我理解所謂「橫斷面的方法」不僅包含著反映社會瞬間全景式的畫面和個人心理的瞬間幻變及思想的意象這類內容的意義，也包含著劉以鬯經常提到的「格局」這樣的組織結構的意義。劉以鬯所說的「格局」來自弗斯特的小說理論，在《小說面面觀》中，「Plot」這個詞在內地被譯為「情節」，在香港或被劉以鬯譯為「格局」，他借用弗斯特關於情節（格局）與故事相區別的觀點，表述自己對格局的看重：「故事祇是依照時間順次講述事件，格局也敘述事件，但著重因果關係。」〔註 14〕認為「好的小說必定是經過悉心安排的。不經過刻意的經營，不可能寫出好的小說」，〔註 15〕因而進一步推論「沒有格局的敘述是故事。有格局的敘述才是小說。」〔註 16〕把「Plot」是理解為「情節」，還是「格局」，有一個小小的差異，但有一點很清楚，「格局」這種譯法更突出了事件的敘述，它的組織和結構，而「情節」這個詞容易給人以事件本身的印象。事實上，弗斯特在很大程度上也是把「Plot」作為一種「高級的技巧」，「一連串佈局的集合體」來論述的。劉以鬯以弗斯特的這一觀點為依據，但比弗斯特走得更遠，他不僅在佈局（情節）與故事之間做出了區分，而且在小說與故事之間畫了一條嚴格的界線，把單純寫故事而無格局的作品驅逐出小說王國的領域。也正是按照這樣的界線，他評價說：「現代中國短篇小說多數依照一條單線平鋪直敘，既無組織，也缺乏適當的安排。」〔註 17〕認為現代中國短篇小說之所以不能保持較高的水平，原因之一是「寫小說的人多數只會講故事，不會寫小說。」〔註 18〕

劉以鬯之看重格局是因為他認為過去傳統小說「那種『自根至葉』的單線敘述絕對不能完全地表現更錯綜複雜的現代社會與現代人」，〔註 19〕「只有運用橫斷面的方法去探求個人心靈的飄忽、心理的幻變並捕捉思想的意象，才能真切地、完全地、確實地表現這個社會環境以及時代精神。」〔註 20〕這

〔註 14〕劉以鬯：《現代中國短篇小說的幾個問題》，見《短綆集》，第 99 頁。
〔註 15〕同上。
〔註 16〕同上。
〔註 17〕劉以鬯：《短綆集》，第 100 頁。
〔註 18〕同上。
〔註 19〕劉以鬯：《酒徒·初版序》，見《劉以鬯研究專集》，第 62、63 頁。
〔註 20〕同上。

樣，小說敘述橫斷面的格局就成為現代小說區別於傳統小說的一大標誌。劉以鬯看到了傳統小說的曲折情節已由回憶、想像、議論、心理分析及意象等斷片式的描寫所取代，傳統敘述的時間序列，甚至因果序列已被打亂，如何把這些載有各種資訊和背景，涉及過去、現在和將來的零碎材料交織聯繫成一個「有機的整體」，把組織和秩序，或者說是形式加於混亂之上？就成為現代小說敘述的關鍵性問題，甚至可以說，現代小說的形式問題也就是格局問題，而格局問題至少是現代小說形式的中心問題。

也許劉以鬯的「橫斷面的方法」、「格局」、「形式」等，所指都不特別具體，但從對這些詞語的表述中包含著劉以鬯對 20 世紀小說藝術的領悟和把握，在小說藝術中突出結構因素，正反映了 20 世紀藝術的一個顯著特點：從時間轉向空間，從變化轉向平面的分佈與配置。正像美國學者詹姆斯‧M‧柯蒂斯所總結的那樣，現代主義者顯示出「他們自己是空間和結構而不是時間和序列的支持者。」〔註 21〕實際上，劉以鬯的實驗小說比他的理論更能清楚地表現出這一特徵。

對於小說這一文體本身的文學特徵，除了「格局」之外，劉以鬯所看重的就是文字了。他一再反覆強調「文學是語言的藝術」，「文字之於小說，一若顏色之於繪畫。如果小說家不能像詩人那樣駕馭文字的話，小說不但會喪失『藝術之王』的地位；而且會縮短小說藝術的生命。」〔註 22〕劉以鬯對小說的文字看得如此重要，很容易使人聯想到當詩歌位於文學藝術殿堂的寶座，而小說被視為「庶出」、「街談巷語」之時，詩歌高貴而曲高和寡，小說卑微而廣為流傳。現在，當電影、電視作為大眾文化的媒介，越來越取代了小說往昔的位置時，就難免要讓小說向詩歌看齊了。在劉以鬯心目中，小說應是一種精粹的藝術形式，一種講究格局的組織藝術，一種講究語言的文字藝術。在這裡，文字的功能已不僅是「思想的外衣」，表現人物、情節的手段，而本身就是具有欣賞價值的藝術，決定著小說高下層次的藝術水準。所以劉以鬯不僅把嚴肅文學與通俗文學作了嚴格區分，而且在小說與故事之間作了嚴格區分。也正是從文字語言藝術的標準出發，劉以鬯在五四以來的新文學中特別地推崇端木蕻良，認為「端木蕻良寫小說視字彙為油彩，塗在適當的

〔註 21〕 詹姆斯‧M‧柯蒂斯：《現代主義美學關聯域中的空間形式》，見秦林芳編譯：《現代小說中的空間形式》，北京大學出版社，1991 年，第 77 頁。
〔註 22〕 劉以鬯：《小說會不會死亡？》，見《劉以鬯研究專集》，第 91 頁。

位置，繪出感情上的沖激，將力量灌注在作品裏，有出群之氣。」〔註23〕劉以鬯對小說語言的要求即使不說是「字字璣珠」，也要作家在尋找恰當的字句時，經受「創作上的痛楚」。

儘管藝術創作的技巧和方法在劉以鬯實驗小說理論中佔有著觸目的位置，但並不能說劉以鬯是一個形式主義者，他之重技巧和形式深深地源於他的這樣一個信念：「表現錯綜複雜的現代社會應該用新技巧。」〔註24〕他把極大的注意力放在一種特殊形式和特殊語言的創造上，是為了適合現代社會的節奏和現代人情感的基調。在「取人之長」的原則下，接受並消化域外文學的成果，建立合乎現代要求而能保持民族作風民族氣派的新文學，這才是劉以鬯的文學理想。

如果我們把劉以鬯的內在真實、格局、文字等觀點連貫在一起考慮，就可以看出，他對小說藝術所強調的重點，與由人物、情節、環境三要素所構成的傳統小說理論相比，已有了根本性的改變。進入他興趣中心的已從塑造人物的「典型性格」轉向人物的內心和靈魂；由在人物的直接行動的基礎上安排曲折的情節轉向精心地巧構「細節交錯」的格局；由具體細緻地描繪社會及自然環境而顯示照相式的寫實能力轉向通過富於「象徵和暗喻」的詩的文字和意象而顯示想像、虛構和聯想的能力。劉以鬯的實驗小說理論既表現出他對西方現代文學理論的借鑒，也反映出他在借鑒過程中的選擇，代表了他進行小說形式實驗的興味中心和努力方向，這不僅從他的小說理論，而且從他的小說批評和小說創作上都可見出。事實上，劉以鬯並未著力於新型小說理論的建樹，在這方面他非常喜歡引用別人的觀點來表達自己的想法。他所致力的是提倡一種大膽的實驗探索精神，追求一種嶄新的藝術形式的實驗和實踐，他的小說創作更為具體、更加勇敢、更有創建地實踐了這種實驗探索的精神。

二、小說實驗之一：意識流

劉以鬯的長篇小說《酒徒》在 1963 年出版後即被評論界譽為「中國首部意識流長篇小說」，但作者對此提法「很感不安」，似乎也頗有保留，僅承認在《酒徒》中「有意識流手法」。《酒徒》是一部意識流小說？還是僅僅運用

〔註23〕劉以鬯：《評〈科爾沁旗草原〉》，見《端木蕻良論》，香港世界出版社，第 8 頁。

〔註24〕劉以鬯：《酒徒》，《劉以鬯實驗小說》，第 110 頁。

了一些意識流手法？我所感興趣的不僅是貼標籤的問題，而是希望能在這個辨識的過程中，更深入地認識這部作品。

意識流是一個文學流派？還祇是一種寫作技巧？這在理論界仍是一個爭論不休的問題。我不想介入此問，只相信 一個事實：使用過意識流技巧的小說，並不能都說成是意識流小說，也就是說，意識流還不能僅僅歸結為一種技巧和方法。如果我們把作品文本看作是「一個虛構的敘述者向一個虛構的被敘述者傳達敘述內容」，把針對敘述內容而言的稱作「故事」，針對敘述者如何傳達敘述內容而言的稱作「敘述」，那麼，把意識流僅僅看作是一種技巧，顯然僅僅涉及了意識流的一個層面：「敘述」，而缺少了另一個層面：「故事」。

事實上，「意識流」這個名稱本身就是以它「故事」的特點命名的，作為故事範疇的意識流，它所敘述的內容應該主要是一個或幾個人物的意識活動，因此，羅伯特·漢弗萊在他的《現代小說中的意識流》中說，「鑒別意識流小說最迅速的方法就是看它的題材。」對於現實主義小說家來說，題材即是主題和情節，是外部的人；對於意識流小說家來說，卻是精神存在和精神活動，是內部的人，這構成了意識流小說的首要特徵。

《酒徒》並不是通篇都以小說主人公的意識活動作為基本內容的小說，但它卻是以刻畫小說主人公的心理和精神活動為重點為目的的，作者著力表現的是「書中主角的內心世界受到外界壓迫時所引起的衝突」，這不僅是劉以鬯實驗小說理論也是他創作的一個重要特點，他雖著眼於人的內心，但它是在外界壓迫下的「內心衝突」，而不是靜態的對內心做持續的省察，進行自由的沒有自覺控制的追憶、思維和聯想，因而他勢必涉及外部與內部兩個方面。這樣，《酒徒》既具有意識流小說所缺乏的相對連貫的情節性，又不像傳統小說那樣曲折和複雜，它的「故事」主要是通過小說主人公與張麗麗、楊露、司馬莉、包租婆和莫雨、麥荷門的關係來展開的。前一組形象傳達了小說主人公對現代社會中兩性關係的印象：張麗麗與楊露是隨從於「利」的，司馬莉和包租婆是隨從於「性」的，她們揭示了兩性關係建立在愛情之上的神話已為現代社會所粉碎。莫雨、麥荷門和小說主人公本人的經歷則反映了文學的神聖性、嚴肅性在商業社會中的消亡。莫雨的行騙，麥荷門的無能而為以及主人公的有能而不可為都說明了文學已從神聖的殿堂淪落為商品和謀生的手段。可以說，傳統的支撐著人生信念的兩大支柱——愛情和事業的價值意義體系已徹底崩潰。但這些人物形象都不過是展開小說主人公內心的矛盾和

掙扎以及對人生和人性的思考和認識的觸媒，事實上，小說中的這些形象不僅算不上是有血有肉的圓型人物，甚至算不上「扁平的」性格人物，只不過是敘述者對人的一些「印象」的載體而已。他們在小說中的功能不是展開情節，而是作為外界刺激物，引起主人公心理和情緒的反應，而小說主人公對此的內心反應和感受及由此進行的思考和認識才是這部作品最富於色彩和內涵的部分。可以說，從「故事」範疇來看，《酒徒》已基本具備了意識流小說的特點，只不過《酒徒》的「觸媒」比較複雜而且是發展的，是一個行動，或幾段情節，不像一些經典的意識流小說那麼單純而集中。

作為敘述範疇的意識流，所指的已不是意識活動本身，而是敘述意識活動的手法了。那麼意識流小說共同的並使之與其他小說在敘述形式上區別開來的技巧是什麼呢？這恐怕難以概括，但意識流小說的作品已經為所有這些方法和技巧的存在提供了有力的證明。

由於人們確信人的意識不是靜止的，而是流動的，因而描寫意識的流動狀態就成為意識流小說的一個主要的手法和特徵。也許正是從這一特點出發，《酒徒》的作者和一些評論者不願為《酒徒》貼上意識流的標籤。劉以鬯明確地說：「在《酒徒》中雖有『意識流』手法，但我所注意的，主要是時間的蒙太奇，對於『流』，我不太注意。」〔註25〕也許這有個理解和認識的問題，小說中用來控制意識流活動的主要技巧是運用心理自由聯想的原理，而體現這一原理的往往是通過「內心獨白」，因而，有人把意識流和內心獨白相提並論。不過，在意識流小說中，控制意識活動的手法並不限於內心獨白，還有其他的方法，其中之一是電影手法，或稱蒙太奇。劉以鬯所說的「流」大概即是指意識流小說中常用的內心獨白。儘管在《酒徒》中，作者也運用了自由聯想的原理，並以括弧非常清晰地標示出它們內心獨白的性質，但顯然，敘述缺乏注意力焦點的持續性和不斷展開的連貫性，不是那麼自由和不自覺，不太像「聯想」。正像作者所說，他所注意的是「時間的蒙太奇」，即主體可以在空間上保持不動，而人物的意識卻可以在時間上移動，即是此時間的影像及思想活動與彼時間的影像及思想活動的「疊印」。這種手法很適於表現「感官印象」，它是作家記錄純粹感覺和意象的一種最徹底的手法。在感官印象階段，頭腦一般說來是消極被動的，只受瞬息即逝的印象的約束，這正

〔註25〕 《八方》編輯部：《知不可而為——劉以鬯先生談嚴肅文學》，載《八方》，第 6 輯，第 62 頁。

與酒徒醉酒後的「朦朧世界」，以及作者想主要表現的對一些「現象」的「印象」一拍即合。一般來說，感官印象所涉及的是距離注意力中心的最遠的一部分意識，因而，它與內心獨白幾乎總是十分活躍地追蹤意識活動的手法不同，經常是片斷的、跳動的，也正是在這方面，《酒徒》顯示了自己的鮮明特色：一般的意識流小說是以「內心獨白」為主，以「感官印象」為輔，而《酒徒》則是以「感官印象」為主，以「內心獨白」為輔。

對於意識流小說家來說，結構的問題是至關重要的，因為傳統小說可以依靠情節本身建立起藝術所不可缺的統一性，而意識流小說家卻要把人物偶然想到、感受到或想像出的雜亂無章的材料作為它的內容。為了使自由馳騁的意識能夠集中起來，意識流小說家不得不格外依賴 一定的模式或說是形式來使零散的素材顯得秩序井然。在這方面意識流小說結構設計精巧的特徵已顯示出了非凡的創造性。《酒徒》儘管有一定的情節性，但它那經常是一句變換一個意象，飛速閃爍的感官印象以及對文學的縱橫議論和評判，都顯示出敘述內容的支離破碎和混亂。這樣，《酒徒》的作者同樣面臨著如何把支離破碎的材料連成一體的問題，也同樣或有所變異地採用了意識流小說家所慣用的結構模式。

劉以鬯在《酒徒》中至少使用了三種結構模式來達到有機統一的目的。一是以一個人物的意識作為線索貫穿始終，從一個人物的視點和視角出發，把注意力集中於主人公的感受上，於是客觀環境和人物都經過主人公主觀的過濾，而顯示出一定的統一性。二是表層敘述的形式循環系統。小說以主人公的醉與醒，醒與醉；從現實到夢幻，再從夢幻到現實的一種相對整齊的循環形式進行。這種結構方式不斷反覆地把「醉酒」作為展開朦朧世界「感官印象」和發洩鬱結的情緒的因緣，引帶出與該場景並無特殊關聯的各種資訊和背景，或抓住一點鋪陳開來，極盡膨脹，使過去、現在和將來自由穿插，任回憶、想像、議論隨意交織，而主人公醉酒的因緣又聯繫著一個特定的社會現實，從而把主人公的實際生活和社會環境，他對自己的生活和環境的認識和感受以及實際生活和社會環境對他的刺激和他的掙扎相互交織在一起，表現了人類生活的雙重性──內心生活與外部生活同時並存。三是象徵性的結構。這種結構模式不僅是一種外在的聯繫形式，而且是顯示意義，從內部建立起深層聯繫的形式。《酒徒》的深層結構是靜態地建立在類比的邏輯關繫之上的。小說接近結尾處出現的雷老太太形像是籠罩全文的象徵性形像，她

的自殺可以有兩種解釋：或許是因爲酒徒殘酷地打破了她把酒徒錯當作自己兒子的幻覺，使她沒有目的再活下去；或許是她正爲這個幻覺所害，像她臨死前所說，她生了個逆子，沒有理由再活下去。不管怎樣，任何一方的絕望都把她置於死地。雷老太太把酒徒錯當作自己去世的兒子的行爲特徵與酒徒本人癡戀在商業社會中死去的文學和愛情具有著某種共同性；而她最後的絕望心境也正是酒徒或爲承認了文學和愛情已經死去的這一殘酷事實而絕望，或爲拒絕承認這一事實，而對其所受的踐踏痛心疾首的精神體驗。可以說，她的情感歷程與小說主人公的是一致的，而他們作爲形象的內涵也是一致的。

　　就《酒徒》的深層結構來說，酒徒與雷老太太是一種類比關係，「酒徒」這一形象本身也可以說是對人類行爲的一種類比和概括。小說開篇不久主人公就以內心獨白的形式議論說：「人是上帝的玩物嗎？上帝用希望與野心來玩弄人類？……然則人生的『最後目的』究竟是什麼？答案可能是：人生根本沒有目的。造物主創造了一個謊言，野心、欲求、希冀、快樂、性欲……皆是製造這個謊言的原料，缺少一樣，人就容易獲得眞正的覺醒。人是不能醒的，因爲造物主不允許有這種現象。」〔註 26〕這段話暗示了「酒徒」這一形象內涵的意義，人總是受著希望和野心的誘惑，猶如酒徒沉溺於酒中不能自拔，小說主人公戒酒而不能，醉酒而不忍的矛盾狀態與他要徹底拋棄文學而不忍，要獻身文學又不能的矛盾心境是一致的，而這也暗示著人類行爲的某種共同特徵。可見，《酒徒》書名本身至少可以有兩種解釋，一是指小說主人公這一具體形象；二是指他作爲人類行爲的抽象象徵。如果像小說主人公所說，加謬是「對於有關人類行動的一切，皆表樂觀；但是對於有關人性的一切，皆表悲觀」〔註 27〕的話，那麼，《酒徒》的作者似乎是對於有關人類行動的一切，也皆表悲觀。《酒徒》創造了一個絕望的世界，它反映了在商業社會中，人的精神意義的崩潰，面對這個不可挽回也無法重建的價值體系的崩潰，人在內心中所普遍感受到的迷惘、矛盾和混亂，痛苦、煎熬和危機。不過需要指出的是，作者儘管從理智上懂得了在現代商品社會對精神意義的信仰已是不可能，但從感情上卻難以放棄對精神意義的追求，他的理論說服不了自己的感情，因而他不能像西方一些現代主義作家那樣，以一種荒誕不經的丑角式的滑稽方式表現一種輕鬆的絕望，《酒徒》中對人類的絕望情緒反映著作

〔註 26〕劉以鬯：《酒徒》，《劉以鬯實驗小說》，第 36 頁。
〔註 27〕劉以鬯：《酒徒》，《劉以鬯實驗小說》，第 36 頁。

者的不甘與執著,是痛心疾首的。

通過以上分析可以看出,《酒徒》的確通過設計精巧、結構嚴謹的佈局把零散的片斷的內容材料組織成了一個有機的藝術整體,儘管敘述內容五花八門,但決不雜亂無章,讓人不能不驚歎作者高度的組織結構才能。

另外,顯而易見的是,《酒徒》作者在小說中所使用的詩化的手法和大量戲劇性場面以及文學評論的穿插都與意識流小說家共同追求的一種綜合性的藝術形式和理想相一致。

可以說,劉以鬯創造性地借鑒了西方意識流小說的經驗,成功地創作了中國第一部長篇意識流小說,在中國文學的發展史上應該佔有重要的位置。同時,《酒徒》也代表著劉以鬯創作的最高成就,其中的一些思想的意象和情緒都是他日後創作的母題和基調,《酒徒》所採用的很多藝術手法也都在他日後的創作中發揚光大。

三、小說實驗之二:故事新編

中國新文學自產生以來,「故事新編」可以說已成為一種小說的類型,這種形式當然不能算是創新,但它在劉以鬯的實驗小說中佔有重要的位置,而且在這個大的小說類型的名稱下,其內容和技巧手法永遠可以不斷地翻新下去。劉以鬯說:「我相信用新的表現方法寫舊故事,是一條可以走的路子。我寫的幾個故事新編,便是在這種信念下寫成的。」

到目前為止,劉以鬯共寫了五篇故事新編:《寺內》、《除夕》、《蛇》、《蜘蛛精》、《追魚》。總的來說,這幾篇作品涉及的基本是兩性之間的關係。《除夕》雖不很直接,但也反映了曹雪芹早年的愛情生活對他創作活動的影響。其餘幾篇分別是根據《西廂記》、《白蛇傳》、越劇《追魚》等幾個著名的古代愛情故事改寫的,《蜘蛛精》似乎是《西遊記》第五十五回「色邪淫戲唐三藏性正修持不壞身」的改寫,只不過書中淫戲唐三藏者是蠍子精而不是蜘蛛精,還有些場景人物出現在《西遊記》第七十二回「盤絲洞七情迷本濯垢泉八戒忘形」、第七十三回「情因舊恨生災毒心主遭魔幸破光」中。這幾回都是對去西天取經者情欲的考驗,作者把它們合而為一。這些經過改寫了的傳統故事反映了作者透視角度在觀念形態上的一致性:即依據弗洛依德的精神分析觀點,改寫、評價、解釋舊故事中的事件和人物。

《寺內》是作者最用心力,也是最見藝術功力的一篇故事新編。這個故

事從最早的唐傳奇《鶯鶯傳》改編為戲曲形式以來，一直沿用著《西廂記》
這個名字，如〔金〕董解元的《西廂記諸宮調》、〔元〕王實甫的《西廂記》、
〔明〕李日華和陸采的兩種《南西廂記》等。劉以鬯以小說的形式改寫後，
不採用《西廂記》這個家喻戶曉的名字而改為《寺內》，是故作立異之舉？還
是別有他意？這不能不首先引起我的注意。

「西廂記」與「寺內」都有指涉故事發生地點的意義，但「寺內」更帶
有「幽閉」、「寂寞」、「隱藏」的意味，如果聯繫弗洛依德以夢中的房屋象徵
女性的說法，「寺內」這個名字似乎隱約帶有女性內心的喻意，而「西廂」雖
也是一種房屋的指稱，但就作為一種象徵的意義而言略嫌具體，它很難讓人
產生深層的感覺，而且「西廂」是故事男主人公的宿處。從這裡入手我們是
否能挖掘出作者對這個故事的新編呢？

《西廂記》的故事本身就帶有很強的性愛色彩，在這個故事的流傳過程
中並不十分迴避張君瑞的性心理活動，而對崔鶯鶯則強調她的被動、惻隱之
心和感恩報恩的一面。《寺內》的作者似乎有意反之，至少把男女兩性在性意
識領域內置於同一的狀態。《寺內》從一開始就以「簷鈴遭東風調戲而玎玲；
抑或簷鈴調戲微風於玎玲中？」暗示了這一意向，並以

> 磬與木魚。
>
> 香火與燈油。
>
> 崔鶯鶯與張君瑞。
>
> 攻與被攻。

的排列句法暗示了崔鶯鶯的主動狀態。在《西廂記》中，崔鶯鶯燒香祝告與
張君瑞吟詩唱和本是偶然事件，但《寺內》通過老槐樹與古梅的對話，對這
段情節重新做了闡釋，認為崔鶯鶯知道張君瑞躲在太湖石邊，她的第三願是
故意引誘那男子的，而張君瑞在《西廂記》中的一些有意之舉，在《寺內》
中卻做了省略處理。比如，《西廂記》中有張君瑞「鬧道場」一段，張君瑞為
了再見崔鶯鶯，央和尚帶他一分齋，追薦父母，而《寺內》對此不做任何交
待，卻對鶯鶯見張生後的心理大加渲染，以同樣句式「那牆並不高，他為什
麼不跳過來？」重複排列三遍之多，造成纏繞於心，揮之不去的效果。而且
即使同樣描寫倆人做的相似的夢，也先把鶯鶯的夢置於前面。在《西廂記》
中，張生因相思之苦而病倒，《寺內》卻先讓鶯鶯害了相思病。孫飛虎來搶親，
張生為獲鶯鶯挺身而出破賊計，《寺內》也不甘示弱，在此又增添了大段崔鶯

鶯的自憐和性心理的描寫：

> 「崔鶯鶯用手撫摸自己的胴體，愛上了自己。她是因爲愛自己才向
> 張珙挑戰的。
>
> 他是一個讀書人，她想。讀書人在床上的瘋狂必使孔子流淚。
>
> 孫飛虎是一個粗人，她想。粗人的動作可以想像得到。所以，她
> 想，爲了滿足好奇，應該祈禱白馬將軍早日來臨。」

可見，崔鶯鶯不僅主動向張生挑戰，而且完全從性的角度選擇張生。老夫人
悔約負盟，張生病倒，崔張二人的戀情得到進一步發展，崔鶯鶯暗語傳簡約
張生翻牆來相會。對這一段情節，《西廂記》爲鶯鶯此舉做了充分的鋪墊，不
僅渲染張生相思之苦，而且是張生通過紅娘傳與崔鶯鶯一道會親的符籙在
先，崔鶯鶯的約會在後，於是崔鶯鶯就又成了被動的復約，是「無投梭之拒」。
《寺內》則省略了張生的這一段，而把崔鶯鶯的相約之舉解釋成「失望於獵
者的膽怯」。在對崔鶯鶯「變卦」的描寫中，《寺內》增加了二人大段的心理
活動描寫，張生在心中對鶯鶯的指責，事實上是對她心理的眞實剖析，甚至
是揭露。比如他說崔鶯鶯「假正經」，「有勇氣挑逗，無勇氣接受」；而對崔鶯
鶯則進一步突出她的性渴望，比如，她看見「月光下張生的臉孔顯得更加白
嫩」，便想到「身體一定也很白嫩」，甚至想到這會不會是因爲他自己糟蹋自
己所致，後悔當初如果不那麼害怕，就會獲得所有的快樂。《寺內》在第八卷
描寫崔鶯鶯赴約的難爲情時，更通過小紅娘之口進一步揭示，崔鶯鶯現在已
不能不去赴約，這不僅因爲要救張生的命，更因她「布設了捕捉自己的陷阱」。
最後，張生被迫與崔鶯鶯分別，進京赴考，《西廂記》著重刻畫了張生思念崔
鶯鶯之情，衍生出「草橋店夢鶯鶯」的大段戲文，而《寺內》對此則完全省
略，反而描寫了崔鶯鶯與張生別後苦思至變態的心理。

總之，《寺內》不僅在張生與崔鶯鶯愛情故事中強化了性的決定性因素，
而且，探尋了一向爲文化習慣所隱瞞起來的女性性欲心理的秘密，大膽地改
變了女性在兩性關係上所扮演的「獻給男人」的傳統角色，而張君瑞在這個
愛情故事中似乎只不過是起著「誘出禁錮的秘密」的作用。這大概也可以說
是作者在舊瓶中裝的新酒吧，可見，劉以鬯把「西廂記」改爲「寺內」確實
是很切題的。

儘管《西廂記》的故事在漫長的流傳過程中始終未能泯滅它的性愛色彩，
但無疑它在一定程度上被文明化了——以性愛的文明形式「情」壓倒了這個

故事的「性」的本質。弗洛依德的觀點大家都已熟知，他認為人的真正的精神實質是潛意識，而潛意識的主要內容就是原始本能性欲衝動，潛意識支配著人的意識活動。正是從這樣的觀點出發，劉以鬯反歷代文人之道而行之，不是把人的本能和行動文明化，而是拋掉人的文化和精神色彩，把人從文明的外貌下剝離出來。也就是說，劉以鬯面對著的是被文明化了的《西廂記》文本，他的目的是要從這個故事的愛情事件中剝離出它的實質：性本能；在所謂愛的情緒中看到它的一般性基礎：性吸引。這樣，作者感興趣的就不是故事材料本身，而是故事材料向他暗示的通向人之潛意識領域的可能性。因而，劉以鬯不以情節作為結構作品的軸線，基本上不為故事從一種事態到另一種事態的轉交做交待和鋪墊，而是把情節作為讀者已知的背景，以那些具有標誌性的情節事件為基礎，發揮想像和虛構能力，展示潛藏於人物內心最原始的衝動和情欲活動。可以說，作者省略了人物的外部行動過程，而充實以人物的內在活動，尤其是潛意識活動。

《寺內》不僅以性的觀點重新解釋崔鶯鶯與張生的愛情，用「餓獅的眼睛」、「野貓的夢」形容類比他們愛情的本質，而且似乎還隱含著更抽象的喻意，即對人的本質以及人與人關係的認識。在《寺內》中，凡是男性見到崔鶯鶯都頓生欲念，凡是女性又都對張生想入非非。紅娘讀了張君瑞的情詩，便「渴望有一隻粗暴的手」；老夫人甚至夢見與張君瑞同床共寢；紅娘揭露老夫人的「負盟」是「因饑餓而吃下自己的諾言」；在為張生餞行的宴席上，老夫人不禁以「眼睛蹂躪張生」，並想「這個讀書人一定有個滑膩的身體」，「我的女兒有福了」；甚至相戀的雙方也不再那麼純情，張生見到崔鶯鶯便忘記鎮上小寡婦的眼淚與喜悅，崔鶯鶯選擇張生是好奇書生在床上的瘋狂。總之，不管神聖的凡俗的，高貴的低賤的，男的女的，老的少的都擺脫不了性意識，受著它的支配和控制。

《寺內》不僅表現出企圖以弗洛依德的性理論解釋愛情、解釋人的本質的意向，而且表現出企圖把弗洛依德的釋夢理論轉移到文學領域的嘗試。弗洛依德認為「夢利用象徵來表現其偽裝的隱匿思想。因此很偶然地，有許多象徵，習慣性地（或幾乎是習慣性地）用來表達同樣的事情。」〔註28〕建立在這樣的認識之上，在一定的限制和保留下，他列舉了一系列象徵「性」的物體與動作，並認為「這種象徵並非是夢所特有，而是潛意識意念的特徵—

〔註28〕弗洛依德：《夢的解析》，中國民間文藝出版社，1986年，第274、272頁。

一尤其是關於人的。」〔註29〕劉以鬯在《寺內》中要挖掘的是潛藏於愛情之下的性意義，弗洛依德對「性」的象徵物和潛意識語言的揭示就成爲他現成的材料，或說是表現崔鶯鶯與張生的性意識的暗示和象徵。一方面他直接「拿來」，作爲夢的「性」象徵的暗示，這在《寺內》中出現的頻率是很高的，是《寺內》有別於《西廂記》的主要內容之一。比如，崔鶯鶯與張生相遇後即夢見「牆。牆。牆。牆似浪潮。」這裡的牆就不是或不僅僅是「障礙」的寓意。在弗洛依德的釋夢中，「牆」是指男人，而「似浪潮」的湧動也具有著性行動的暗示。弗洛依德還將騎馬、飛翔、游泳、攀登等典型的夢境以及房間、橋、盒子、貓、魚、老鼠、鑰匙、樹、夜賊等物體和動物都加上了性的意義，這些意象在《寺內》中大量存在。比如，崔鶯鶯夢見自己變成小偷，並且每一次做夢張君瑞總是拿著一把摺扇，像夜賊的出現，而摺扇這樣的長形物體，在弗洛依德看來具有性渴望的寓意。

另一方面，劉以鬯通過間接的描述性語言，利用弗洛依德所揭示的象徵物的性意義來暗示人物的性心理。比如，「疾步而去的紅娘想起水中之魚。呆立似木的張生，想起野貓在屋脊調戲。」張生見到崔鶯鶯之後，天上「有一朵圓形的白雲，肥肥胖胖，如果能夠坐在上邊，必生龍墊的感覺」；說崔鶯鶯的心事「似野貓在晝間所做的甜夢」；崔鶯鶯把寫給張生的詩說成是「一把鑰匙」等等。通過這些富於暗示的意象和情景含蓄而又清晰地表現了性的內容，創造了一個幾乎是無所不在的性吸引的磁力場。《寺內》可以說是劉以鬯把弗洛依德「夢的解析」有意識地應用於文學創作的一次成功的嘗試。

《蜘蛛精》似乎由《酒徒》中一個思想的意象發展而成：「唐三藏坐在盤絲洞裏也會迷惑於蜘蛛的嫵媚。」〔註30〕這是經過弗洛依德學說洗禮的現代人對這段本事的看法。在《西遊記》中，唐三藏是一個「咬釘嚼鐵，以死命留得一個不壞之身」，「色邪永滅超眞界」的聖人，但劉以鬯深入唐三藏的內心領域就得出了完全不同的結論。在蜘蛛精的色誘下，唐三藏雖然沒有外部行動，但不能沒有心理活動；雖沒有動身，但也免不了動心。他儘管十世修行，但畢竟改變不了人的物質性，他畢竟是一個具有著七情六欲五官的人。小說從蜘蛛精對唐三藏的淫戲寫起，著重揭示的卻是唐三藏在外部刺激下，緊張激烈的內心活動和生理本能反應。

〔註29〕弗洛依德：《夢的解析》，中國民間文藝出版社，1986年，第274、272頁。
〔註30〕劉以鬯：《酒徒》，《劉以鬯實驗小說》，第25頁。

　　唐三藏雖在意識層拼死抵制蜘蛛精的誘惑，但他無法阻止自己的感知活動。他的眼睛看到了赤裸著身體的蜘蛛精，即使關閉自己的視覺，也不能拒絕蜘蛛精的香氣鑽入鼻孔，蜘蛛精的聲音傳入耳膜，不能排除蜘蛛精已給他留下的印象，甚至反而使這些印象更加鮮活，使自己的觸覺對蜘蛛精的淫戲反應更加敏銳。儘管他不停息地念著阿彌陀佛，但他凡俗的肉體使他不能沒有感覺和生理反應。特別當他面對死時，他的精神觀念立即失去意義和約束力，最終不攻自破。由此可見，人的精神在人的物質性面前是多麼的被動和脆弱。據作者說，這篇小說本應以唐僧為題，但後來考慮到外埠讀者可能會有點反感，這才以《蜘蛛精》為題。的確，唐僧才應是這篇小說的主角，儘管小說的篇幅很短，但非常真切地表現了在人的心理領域意識與原始本能之間的衝突所形成的緊張狀態，人的物質性對人之精神的背叛，人的生理本能對人的意義的褻瀆，表現出作者對人之本性的一貫看法。

　　劉以鬯對《白蛇傳》這個神話傳說的改寫也具有著同樣的傾向。他從心理分析入手，剔除了白素貞超自然的神話因素，她不再是白蛇的變體，而是許仙的感知錯幻，是由他幼年創傷體驗的復發而引起的病態心理的反映。而白素貞為救許仙捨命盜仙草的壯舉也不過是許仙病中做的一個夢。可以說，劉以鬯對這個古老的愛情故事的解釋不僅消解了它自然神話的意義，也消解了這個神話本身所創造的愛情神話的意義。

　　劉以鬯的《追魚》是根據越劇《追魚》改編的，舊有的故事著力歌頌了金鯉魚為與秀才張珍永遠團聚不惜拔下魚鱗三片，丟了千年道門，離卻蓬萊仙境到凡間受苦的壯舉。這也是一個感天動地的愛情神話，賦予愛情以至高無上的力量和意義。但劉以鬯的《追魚》不僅極其短小，而且基本上改變了原來的情節。它省略了一切擴展、詳述、維持或延緩原有情節的催化過程，而僅僅保留情節的核心事件，構成了極端抽象的故事復述——一個讀書人走去池塘邊想看魚，他在魚身上看到了自己，那條魚變成了一個女人。後來讀書人和那個女人一起消失於池底，據一隻大老鼠講，那個讀書人和一個女人在一起，那個女人是一條魚。省略的藝術就是直接走向事物的核心。這段情節概括了一切愛情的實質和愛情發展過程的原型模式。當那個讀書人從魚身上看到自己時，魚變成了女人，而最終那個讀書人與那個女人在一起時，那個女人是一條魚。這裡關鍵是要理解魚的象徵意義，在弗洛依德對夢的解析裏，魚象徵著女人的性器官，這樣，一個神聖的愛情故事就完全消解殆盡了。

與這樣的內容意義相應，小說採取了一種滑稽摹仿的形式。本事的情節發展在六天裏完成，與《聖經‧創世記》第一章的結構十分類似，讓人感受到一種恢宏莊嚴的節奏和氣氛，但結尾處所出現的一個大老鼠一下子就破壞和褻瀆了這種神聖感，在這極端的不協調中顯示出作者滑稽和幽默的機智。

總之，劉以鬯的故事新編是以現代人的眼光重新打量歷史上的事件和人物，突出表現在以弗洛依德的觀點重新解釋和消解愛情的神話，顯示出現代人對人的本質和性的思考和觀念。

四、小說實驗之三：「反小說」

所謂「反小說」並不是說劉以鬯反對小說這種文體，而是用這個不太確切的名字暫且標明劉以鬯實驗小說的一個路子，即有意地破壞和搗毀「前人對短篇小說所定的規格」，自覺地也是戲劇性地與傳統小說相對立和決裂。劉以鬯的很多短篇小說都是用一種「違反定義」的方法創作出來的，他曾經明確地表明自己的這一動機說：「小說有很多定義。有人說沒有故事的小說沒有價值，所以我嘗試寫一篇沒有故事的小說——如《鏈》。有人說沒有人物不能成為小說，於是我又嘗試去寫沒有人物的小說——如《動亂》。也有人說：『小說是通過人物和故事的描寫，以反映社會生活……』，但在《對倒》中，我嘗試以有人物無故事的手法來反映社會的生活。」另外，《吵架》、《打錯了》、《春雨》、《副刊編輯的白日夢》、《黑色裏的白色白色裏的黑色》等也都可以歸入這一類完全自覺的「違反定義」的創作形式中去。

當劉以鬯摒棄了傳統小說中的人物和故事，抽空了傳統小說所賴以存在的基礎，沒有了故事的敘述，沒有了人物的塑造，他會創造出一種什麼類型的小說形式呢？

《鏈》可以說是展覽式的人物素描，其中有生活穩定、略有節餘的公務員，有追求漂亮性感的公司小姐，有時刻憂心英鎊是否會貶值的富人，有自卑謙恭的小職員，有吃喝嫖賭無所不能的經紀人，有和孩子一起吃餐館的紗廠老闆，有不務正業的扒手，不景氣混日子的小買賣人，穿花衫褲的少女……。形形色色的人如走馬燈似的，只緣空間的偶然的相挨相遇形成了一條無盡的鏈，把人與人串連在一起，他們之間再不發生驚心動魄的故事，再沒有刻骨銘心的相知，感天動地的愛和恨，而是互相之間毫不相干，陌路相逢，只不過是在某一時刻某一場合不經意地並置在同一空間。人與人聯繫的

鏈條再不像過去那樣被描繪得那麼息息相關，血肉相連，而只不過是在空間發生的一次偶然的接觸，不過如此簡單，如此偶然，如此淡漠。在這裡，作者為我們勾勒出的這幅由人組成的熙熙攘攘而又空空蕩蕩的社會圖畫，反映了社會聯繫之鏈由血緣、歷史的帶有時間性的特徵向空間性特徵的轉變，反映了現代人對社會的印象和感覺。可以說，「鏈」不僅是這篇小說的形式結構，也是它的內容核心，作者能夠把載有這麼巨大的社會容量和意義的內容寄託在「鏈」這一小小的意象之上，顯示了他敏銳而深刻的洞察力。在這裡，我們也可以清楚地看到技巧和結構的形式因素如何擔當起了創造意義的任務，如何與主題的內容因素融和無間。

　　《對倒》據說是從「對倒郵票」中得到的感悟，劉以鬯從這種一正一倒，也即「頭對尾」的雙聯郵票形式中獲得了《對倒》的構思。最初它以長篇的篇幅在《星島晚報》副刊發表，後才改為短篇。這篇小說採用了雙線發展的形式，男女主人公互不相識，分別以他們的所見、所想和所做所為平行發展的線索，猶如兩枚相對獨立的郵票。在兩個男女主人公身上，由於作者突出了他們在時間軸上的反差：一個生活在對過去的回憶裏，一個生活在對未來的憧憬中，就使得小說獲得了既是兩條線索，又是一個向前（未來），一個向後（過去），也即一正一倒地沿著不同方向發展的形式感。如果僅僅這樣，還難以產生「一套雙聯郵票」的整體感，兩條線索既要獨立，又要相粘相連，為此作者不僅以客觀時空上的同一（比如，向讀者提示當男主人公在什麼地方的時候，女主人公在做什麼；兩人都曾遇到一隻胖得像隻豬的黑狗在撒尿；一個頑童在鬧著要冰糕吃；在戲院裏倆人偶然並排而坐等）加強了這種聯繫，而且以他們在心理回憶和幻想內容性質的一致確立了更深層的聯繫。這又涉及到弗洛依德對人的本質的看法，即不分男女老少，他們受壓抑的內容主要是原始本能性欲衝動。小說結尾處，男主人公在夢中又與女主人公並排坐在長凳上，長凳幻化成床，他也變成一個20歲的年輕人，這些描寫都突出了人在潛意識領域裏超越時空的同一性。這樣，這篇小說就獲得了「一套主題相關的雙聯郵票」的形式感。但男女主人公之間的聯繫又是那麼偶然和薄弱，猶如小說結尾所暗喻的那樣：「一隻麻雀從遠處飛來，站在晾衫架上。它看它，它看它。然後兩隻麻雀同時飛起，一隻向東，一隻向西。」這也很容易讓人產生相似的類比：一套雙聯郵票被一撕兩得，一枚郵向東，一枚郵向西；人與人之間的關係似乎經常也不過如此，雖同處一個世界，雖在某時某處會偶

然相遇相識，但很快又會各奔東西，毫不相干。

《吵架》和《動亂》一樣，都是「沒有人物的小說」，反映了作者企圖把場景空間化的嘗試，使一個純環境擔當起敘述情節的任務。在《吵架》中，作者通過對一個房間狼藉場景的描寫，起碼可以傳達出這樣的資訊：吵架的程度、吵架的原因、吵架雙方的性格和人格，也暗示了一個安舒整潔的家庭的毀滅。

《打錯了》據作者在文末提示。「一九八三年四月二十二日作。是日報載太古城巴士站發生死亡車禍。」這一筆或許是作者想說明此文是由一則新聞而作；或許是作者想提請讀者注意小說與新聞報導的區別。不管事件是否真實，這篇小說突出的是它的虛構性質，它以寫實的筆法虛構了兩個假設。文中的頭兩節有一半的篇幅是重複的，蓄意表明根據兩種假設寫同一事件。在第一節裏，陳熙接到女朋友的電話，在赴約的路上被巴士撞倒，軋成肉醬。第二節，陳熙接到女朋友的電話，正準備去赴約，又被一打錯了的電話召回，這短暫的耽擱使他免死於車禍，而成為車禍的見證人。儘管對於陳熙來說，兩種假設，兩個結果，存在著生死之別的懸殊差別，但不管陳熙是死於車禍或免死於車禍都出於偶然的巧合。他在第一節裏是偶然發生車禍，在第二節裏是偶然免死於車禍。在客觀世界，事件只能發生一次，但在小說的虛構世界中，作者寫出一個事件的兩種可能性，以在結構上並置的兩節同寫一個事件的兩種結局，同中有異，異中見同，從而反覆強調和突出了對人之命運的偶然性、不可把握性的感覺和認識。

《黑色裏的白色白色裏的黑色》首先從版面上就給人以耳目一新的感覺，一塊塊的黑底白字和白底黑色交錯相間，這種排版方式本身就構成了題目的一層意義。小說的敘述圍繞主人公進行，似乎是從主人公的一生中隨意抽取出來的一天，是他所有近似的生活片斷的連綴，隨著他所到之處的所見所聞又進一步不斷給社會曝光，把一個個社會生活中的瞬間畫面和場景連綴起來。可以說這篇小說是由眾多互不相連的片斷構成的，黑一塊，白一塊的版式從視覺上就首先加強了這種片斷感。小說中的片斷又可以進一步分成兩類：一類屬於人性中光明的一面，一類屬於黑暗的一面。作者按照同類並置的原則構成了黑白兩個系列，屬人性中光明一面的事件畫面就對應了白底的方塊，黑暗的就對應了黑底的方塊，突出了人的肖像和社會畫面同類的組合和聯繫，傳達了作者對社會和人性黑中有白，白中有黑，黑白相間，雜糅並立的透視和印象。

　　以上所析的劉以鬯「反小說」小說，由於出自作者更爲自覺而激烈的反傳統小說立場，因而更鮮明地表現了 20 世紀小說趨向空間化的一種極端形式。這種形式拋棄了人物、情節、主題發展、敘述順序，從根本上背離了開端、中間、結束的線性時間序列結構，而與這一結構所暗示的決定論、進化論、社會發展以及絕對的終結等觀念相決裂。它所創造的是一個「如果沒有因果關係上的連續，任何事物都在中間」〔註31〕的世界，表現出平面化、空間化的特徵。換句話說，這一類型的小說以反映「社會的全景」，也即劉以鬯所說的「社會的橫斷面」爲己任，它的極端形式是「生活的片斷」，它所表現的「社會全景」是由「生活的片斷」的並置而獲得的。所謂「並置」即是說主要以主題作爲小說的粘合劑，從而擺脫了結構中的時間因素和因果因素，片斷與片斷之間可以沒有聯繫，但都有同等的重要性，被一個同一主題和結構聯在一起，形成一幅個人的肖像或社會的畫面，由此顯示出 20 世紀小說拋棄時間和序列，代之以空間和結構的傾向。劉以鬯的此類實驗小說也正應和了這一傾向，其內容不僅是由一個個的場景、片斷組合成的社會橫斷面，而且其結構本身往往就是一幅具有空間性質的畫，比如《鏈》、《對倒》、《黑色裏的白色白色裏的黑色》等，《打錯了》兩節間的並置重複本身即具有空間性質。結構形式也是開放的，《黑色裏的白色白色裏的黑色》的小說結尾畫了兩個空白的黑塊和白塊，意味著其間的事件可以無休止地繼續列舉下去，《對倒》、《鏈》也都可以無休止地繼續增添所見所聞的片斷。對時間和序列的拋棄必然要犧牲變化和發展，這類小說無法滿足讀者對扣人心弦的情節和血肉豐滿的人物的要求以及對變化和高潮的期待，它是一個靜態的整體，讀者面對的是可以無盡頭排列下去的在主題上相互聯繫的因素，被描繪的世界嚴格來說是沒有完成的，需要讀者的參與和闡釋。讀者要理解這類小說必須有能力知覺到無關片斷之間的組合關係，閱讀快感則來自讀者有能力在這種並置組合中尋求到一種意義。

五、小說實驗之四：與詩之結合

　　劉以鬯在這方面的試驗已不僅僅限於小說藝術的內部變革，而涉及到兩種文類之間的互借互鑒，它表現了劉以鬯要提高小說的藝術層次，使小說更藝術化更純粹化的一種嘗試。《寺內》、《春雨》、《酒徒》都代表了他在這方面

〔註31〕詹姆斯・M・柯蒂斯：《現代主義美學關聯域中的空間形式》，見《現代小說中的空間形式》，第 143 頁。

的努力和成就。

劉以鬯的詩體小說與中國現代文學史上那些經營詩情和詩之意境的詩化小說有著很大的不同。如果說那些詩化小說主要是借鑒傳統詩歌的產物的話，那麼劉以鬯的詩體小說更多受的是現代詩的影響；他使小說與詩之結合的路子也與以前的那些詩化小說作家不同，他要「以詩的語言去寫小說」，而不僅僅以散文的語言抒發詩的情感或創造詩的意境。可以說劉以鬯的詩體小說不僅以「詩的語言去寫小說」，而且是以現代詩的語言去寫小說。那麼，詩的語言、現代詩的語言與小說的語言有何區別呢？

從傳統小說的美學特徵來說，「小說旨在寫實」，以創造現實的幻覺為目的。這似乎約定俗成地成為一個文學的慣例，因而小說的語言以逼近生活，「酷似」為最高的美學原則，在準確如實地表達一切有形存在物時創造了奇迹，從而也顯示了小說語言的特徵。它是一種工具性的表達，目的在於清楚明白地說明事物和事物、人物和人物的某種性質、意義、過程，準確和生動是對小說語言的基本要求。但詩尤其是現代詩則不同，法國象徵主義詩人馬拉美認為「在詩歌中只能有隱語的存在，對事物進行觀察時，意象從事物所引起的夢幻中振翼而起，那就是詩」，「直陳其事，這就等於取消了詩歌四分之三的趣味。」〔註32〕新批評派理論家克林思·布魯克斯用一句話來總結現代詩歌的技巧即是「重新發現隱喻並且充分運用隱喻。」〔註33〕可見，如果說小說語言是一種只限於本身含義（字典上的含義）的知性語言，那麼詩歌的語言是意象的、隱喻的、複義的，是一種超越本身含義的感性語言。它即使表達深刻的哲思，但它從來不深入到思想觀念的本質；即使描述自然景色，人類的行為，但所有具體的表象又都不表現它們自身。劉以鬯把這樣一種詩的語言運用於小說的創作，為提高小說的藝術性開闢了新的途徑。

劉以鬯以詩的語言去寫小說，首先是以詩的隱喻的語言去寫小說。這與現代作家把觀察角度由物質主義的對外在世界和人物軀體的細察臨摹轉向對人物內心的感受印象的傳達是相一致的。既然他們所追求的不是讓語言指涉於現實，而是以語言去引發描述無形的心情和感覺，那麼，語言也就不僅有

〔註32〕馬拉美：《談文學運動》，見黃晉凱、張秉真、楊恒達主編：《象徵主義·意象派》，中國人民大學出版社，1989 年，第 42 頁。

〔註33〕克林思·布魯克斯：《反諷──一種結構原則》，見趙毅衡編選：《「新批評」文集》，中國社會科學出版社，1988 年，第 334 頁。

理由，也必須是隱喻的和暗示性的了。

小說只要有人物有情節有環境就離不開「描述」，現代作家與傳統作家的區別在於，即使描述客觀世界，也是描述人物眼中變形的客觀世界，是人物的意識對客觀世界的反應，而不是鏡子式的或照相式的。比如，《酒徒》開篇的一句「生銹的感情又逢落雨天，思想在煙圈裏捉迷藏。」這句話使我們無法越過語言本身去抓住語言指涉的人或事或景，而進入到下面的聯繫發展中，甚至無法一看就理解，只有「重讀」時才能體味出它的意蘊。在這裡，「生銹」是對感情的隱喻，感情像生銹了一樣，又逢落雨天，這意味著鏽雖可暫時得到某種程度的潤滑，但後果無疑是鏽上加鏽。這句話不僅描寫了環境（下雨）、主人公的情感（生銹），而且暗示了情節的發展（主人公找妓女解悶），並概括了這一行動的性質（鏽上加鏽）。「思想在煙圈裏捉迷藏」，這句話也是一個隱喻。這既是對主人公的描寫，也是對他精神狀態的一種概括。接下來小說敘述主人公走出房間到酒館去尋找刺激，作者描寫到：「屋角的空間，放著一瓶憂鬱和一方塊空氣。兩杯白蘭地中間，開始了藕絲的纏。」這段既描寫了環境，也描寫了人，以物隱喻著人。對陪伴主人公的人，作者雖隻字未提她的背景，但以重複描寫她「固體的笑」這個表情特徵，暗示了她職業的性質，突出了這個職業在她身上留下的印迹，而且以笑像「固體的」似的這樣一個隱喻傳達了作者對妓女非常直覺的瞬間感覺。

由此可見，這裡出現的環境、人物都是主人公眼中的環境、人物，是他印象和感覺的概括。儘管小說的描寫對象沒有變，但由於描寫方式的改變就為讀者帶來了陌生而全新的感受，使我們無法像閱讀傳統小說那樣一目十行地追蹤著情節發展和人物活動，而只能像讀詩那樣琢磨和「重讀」，這樣，審美愉悅就並不是來自情節的緊張和人物的栩栩如生，而在於品味文字本身，從語言本身去獲得美感。

其次，劉以鬯以詩的語言寫小說，是以詩的意象的語言寫小說，這也是與他要「捕捉思想的意象」，去探求「個人心靈的飄忽」、「心理的幻變」和社會環境以及時代精神的藝術追求相一致的。

劉以鬯的小說經常成段地羅列密集的意象，比如《酒徒》第二節的開首一段：

> 我夢見太空人在金星唱歌。我夢見撲克牌的「王」在手指舞廳作黑
> 暗之摸索。我夢見一群狗在搶啃骨頭。我夢見林黛玉在工廠裏做膠

花。我夢見香港陸沉。

一句一個意象，意象之間沒有時間上的連續性，關係是並列的，讀者只能憑著意象與意象不斷交相照應，加深對這些意象類似之處的認識而領悟到主題上的一種關聯，產生對現代社會的一種印象。

另外，劉以鬯使用詩的語言寫小說，也反映在以詩的句法去分行排列組合小說的句式，大膽地把詩句形式引入小說上。小說的敘事性，一般來說，決定了小說的敘述是歷時性的，或者說是具有時間的序列性和句法上的連續性，是一種不間斷的移動的描述，隨著敘述者不停地轉換角度，連續不斷地反映著客觀外部的世界。但劉以鬯的一些小說出於抒發情緒或表現瞬間的印象和感覺的需要，使敘述在很大程度上共時化、空間化了，並以詩句的形式推而走向極端。比如《酒徒》第二節，描寫主人公夢見自己中了馬票。作者採用了詩歌中的疊句形式，以詩的分行方式，有規律地不斷重複一種句式：

然後我坐著汽車去找××

我貧窮時他（她）如何如何

現在我有錢了

我將鈔票擲在他（她）的臉上

同樣的句式，稍加變動的內容，作者重複使用了三次之多，這種有意識的同義疊用造成了敘述上的間隔和停頓，重複三次即把三小段並置起來，膨脹了感情的力度，痛快淋漓地宣洩了一種長期被壓抑的情緒。

第三節，作者一連排列了五個「在張麗麗面前，我……」的句式，這句話不僅把狀語提前，並一再重複使用，造成了敘述上的停頓和強調，形成了一種自恨自怨而又不能自拔的特殊語調和潛在的意義。

《寺內》也大量採用了這類並置的句法，文中描寫張君瑞被鶯鶯的美色所打動時，一連用了四句「×××抵受不了香味的引誘」，這種重複和並置就把一件具體的特殊的事情變成了一件一般而普遍的事情，具有了概括和抽象性。另外，「××與××」的句式，排列六次之多，在最後一句統而概之：「攻與被攻」，在句與句之間建立起了橫向聯繫，隱含著係詞「is」的意義，暗示了崔鶯鶯與張生「攻與被攻」的特殊關係。

很明顯，這些詩的句式大量進入小說，改變了小說循序漸進的敘述方式，也克服在小說敘述中的時間因素，它所造成的間隔和停頓形成了一種特殊的審美效果，其本身所具有的形式外表也足夠重新使穩定的語義活躍起來。

　　劉以鬯用詩的語言寫小說的方法與現代小說的詩化和空間化的趨向是並行不悖的，他對感覺和印象的捕捉，對思緒的跳躍和情緒的變化的把握，對小說的空間化結構的編織，這些屬於詩質的內容和結構因素都為劉以鬯採用詩的語言去寫小說提供了現成的渠道。劉以鬯致力於詩與小說的結合是因為他相信這種結合會使小說獲得新的力量，達到新的境界。從他的這一實驗品——詩體小說來看，這個新的境界以其浮華而充實的詞義，以其造作而優美的風格，以其費解而多重的意義改變著小說的面貌，這可能會使小說變得更難以為大眾接受，但它代表著對小說藝術的盡善盡美的追求，也代表著小說藝術所達到的一個高度和一個嶄新的境界。

　　上述劉以鬯實驗小說的四個方面只能是個大概的分類，所提及的作品也祇是他創作的一部分，其他如長篇小說《陶瓷》、中篇小說《猶豫》、《蟑螂》等，由於作者並未十分刻意追求形式上的創新而更接近現實主義的創作和心理分析小說，寫得更加自如。綜觀劉以鬯的創作道路，他所關注的重點是人性和社會環境對人類生存的壓力，在這兩方面他深受弗洛依德學說和薩特、加謬存在主義哲學的影響，他不僅認為人類的本質根本是性的，而且認為人類的欲望是人性克服不了的弱點，人最終受著自己欲望的玩弄和愚弄。儘管如此，劉以鬯仍執著於傳統的某些人生的價值，如愛情和文學。他的焦慮並未完全轉向內心世界，還在於信仰和行動無法在客觀世界中得到實現，他從感情上不能放棄某些信仰，而理智上又懂得這些信仰實現的不可能，他的焦慮表現在心靈與商業社會之間的失衡，因此，對社會環境的泄憤和對人的本體意義的思考在他創作中佔有較重的分量。

　　在小說形式上，劉以鬯進行了多方面的探索和實驗，走的是相容並蓄的路線。他既喜歡現代的，也喜歡傳統的；既欣賞現代作品的新奇，也迷戀現實主義作品的明晰；既著眼於人類內在的真實，也不忽視外部環境的影響和決定作用；既著迷於現代小說獨具匠心的結構形式，又不願抹殺傳統小說「興味線」的魅力。作為一個終生的「文化人」，劉以鬯不僅不斷地吸收古今中外一切優秀的文化遺產作為自己創作的土壤，甚至作為自己創作的題材和內容，他的文學理論和文學評論還經常直接進入小說，他用小說評論小說，用小說、電影、戲劇藝術中的形象寫小說，作為自己小說背景的標誌、意象和語言。他不僅生活在社會之中，也生活在人類的精神文化遺產之中，他創作的靈感不僅來自生活，也來自一切優秀的文化遺產，來自他所說的「想像上

的現實」中。劉以鬯的特殊生活和他對藝術的特殊追求，使他的創作具有著鮮明的特色。他雖在很大程度上借鑒了意識流小說的技巧，但他從不做持續性的內部觀察；他雖繼承了現實主義的批判精神，但他並不通過人物的命運和廣闊的社會背景去達到目的，而是像新聞報導或新聞短片一樣，以富於代表性的不斷疊印的畫面並置集中展覽社會的橫斷面。這樣，他不論對人物內心的揭示，還是對社會環境的反映大都是印象式的，平面化的，以意義和變化不居代替了深度和發展。他的透視點既不完全在於客觀的外部世界，也不徹底轉向內心，而在於二者之間的結合，在於外部世界對人內心的壓力，他所擅長表現的就是在這個契機下，人內心的矛盾和猶豫的兩難狀態。

劉以鬯的創作不僅深受意識流小說、法國新小說派以及現代詩的影響，同時還承續發展了中國現代文學中的新感覺派的風格。以穆時英《上海的狐步舞》為代表的斷片式展覽式的結構方式，甚至包括語言方式在劉以鬯的《酒徒》、《副刊編輯的白日夢》、《鏈》等作品中留下了深深的印迹。施蟄存所開創的用精神分析學重新解釋歷史上的事件和人物的新蹊徑，由劉以鬯的故事新編繼續發揚光大，他在秉承新感覺派的同時更多地融合了西方現代小說的技巧。他創作的意識流小說已不僅僅是局部性的對某種技巧的借鑒，他按照弗洛依德精神分析學重新解釋歷史上的人物比施蟄存更前進了一步，而與意識流的表達方式結合了起來（如《蜘蛛精》）。他的以「反小說」的方式創作出來的作品是現代小說在中國更極端的發展，使我們能夠發現和洞察小說敘述的新發展和一種特殊的敘述結構。他創作的詩體小說為提高小說的藝術層次實踐了新的途徑。

劉以鬯的創作生涯是一種非常自覺的藝術追求過程，他不再聽憑人物行動和性格邏輯或情緒發展的引領，而是每一篇小說都要經過精心的策劃和編織，每一個字都要經過反覆的斟酌和揣摩，他必要經過創作上的這種人為和虛構的痛楚才能到達藝術的境界，也正因為這種刻意的追求，我們很難概括出他小說藝術形式的特徵，這種特徵只能寄託在對他每一篇小說的分析和領悟之中，只能寄託在對他每一類小說風格的把握和體會之中。

一九九二年九月於北京北太平莊，原連載於香港《星島日報‧文藝氣象》1992年 10 月 28～31，11 月 1～2 日，又為筆者編《劉以鬯實驗小說》編後記，中國人民大學出版社，1994 年

在生命和意識的張力中
——談施叔青的小說創作

　　當代臺灣女作家施叔青自 1962 年以處女作《壁虎》震驚文壇至今，創作頗豐，一直倍受讀者好評。她在創作中隨著本人的成長、成熟，不斷變換著女性的視角：少女——妻子——情人，從女性對生命特有的經驗和體驗出發，表現了一個現代女性的價值判斷取向，自覺不自覺地追求著既世俗又要超越世俗，既現實的又要超越現實的人類與社會的完滿和完美，有著既是女性的又要超越女性的本色和努力。

女性視角：少女——妻子——情人

　　有的女權主義者認為：「女人沒有屬於她們自己的歷史文化和宗教」，〔註1〕甚至沒有屬於她們自己的語言，她們所有的只有身體，相信「屬於我們自己的東西從我們身上迸發出來」，〔註2〕假設有一種基於女性軀體的女性語言，因而號召女性作家從自己的軀體和欲望出發，「用身體」寫作。施叔青不會是受此號召拿起筆的，不過她的創作卻與此有著某種程式的契合。施叔青在創作中追求一種「生命的語言」，讓寫作像影子一樣追隨著自己生命的體驗和感覺，她的創作實踐也證明，只有當她傾聽了自己生命的欲望，傳達出了自己身體的感覺，才能寫出「驚世駭俗」的力作。

　　使施叔青一舉成名的《壁虎》，即使在今天看來仍能給人以強烈的震撼，

〔註1〕　西蒙・波娃：《第二性——女人》，湖南文藝出版社，1988 年。
〔註2〕　張京媛主編：《當代女性主義文學批評》，北京大學出版社，1992 年。

這種震撼力在很大程度上來自「壁虎」這一中心意象，它的帶有刺激性的形象象徵性地傳達了少女對性的一種特有的又恐懼又厭惡的抽象情感。心理學家認為少女往往是把性與純潔相對立的，這是少女時期心理特點的一個重要現象。在《壁虎》中就是以具有這樣的觀念與概念的少女，以一個「耽於夢及美」，更患有輕度肺癆的女主人公作為見事的眼睛，使小說中的人物、事件都成為一種帶有點病態的少女情結的反映，讓一種少女所特有的看事見人的情緒、價值判斷支配著一切。於是，那個成年的女人——大嫂就成了一隻褻瀆與踐踏「純潔」的壁虎，破壞並摧毀社會正常秩序與面貌的「賤惡的所在」。也正是這種把情欲、性與壁虎所給人的不快印象並置所造成的對情欲、性的極端醜化的意向和情緒，誇張強化了少女對性的感覺印象，反映了作者對少女的一種極端的心理狀態的探詢。不過，這還僅僅是《壁虎》的一個方面。儘管這篇小說在描寫少女對性的反感方面給人留下深刻印象，但恰恰在小說女主人公對性的那種強烈得幾達病態的反應中，顯示出性對她的非同一般的震撼力。而且小說從結構本身也設置了兩種相互衝突的思想和情感方式。開頭與結尾是享受到丈夫的溫存與性之快樂的女主人公的自述，而中心內容卻是女主人公回憶與自己現實的經驗相悖謬的一段經歷和情緒。現時的女主人公婚後變得「豐腴而美麗」，甚至對丈夫由不喜歡到愛，生活得十分快樂起來，而少女時期的她對性卻有著一種無法抑制的羞恥感，因而每當想及自己現在「竟過著前所不恥的那種生活」，「都會突然自心底賤蔑起自己來」，「感到可恥的顫慄」。最後女主人公盼望著秋天趕快過去，壁虎不再出現，以「毫無愧怍」的態度和心情去接受丈夫的溫存。

可見，《壁虎》反映了從少女到女人的一種過渡心理，在施叔青的筆下，少女特有的對性的偏見和官能恥辱的古老意識初次與生命本能、感官享受相遇，這種生命與意識的分裂和矛盾是反覆出現在施叔青作品中的情結。作為一位女作家，施叔青對官能的欲樂經常流露出一種不能自拔的沉醉，同時又時時為這種沉醉捫心自問，困惑不已。每逢行筆於此或觸及到這個深結於心的矛盾就會頓放異彩，顯示出強烈而令人驚詫的藝術個性和感受力。

施叔青「初為人妻」後寫下不少「婚姻的故事」，這些作品大都以妻子為視角，激烈地站在女性立場，聲討「丈夫」的冷酷、自私、利欲薰心，反省女性在家庭婚姻關係中遭受歧視、凌辱、摧殘的弱者地位。《困》完全通過一個妻子的挑剔眼光去寫一個過去一向被社會所認同的自我奮鬥型的丈夫，以

一個妻子對幸福的要求爲尺度而顯示了傳統的丈夫角色與職責的不合理性。《回首，驀然》則以一個不盡職責的反常丈夫把妻子逼迫得幾臨於崩潰的極端事例，提示了女人在社會上處處依賴男人——父親或丈夫的孤立、附屬的弱者地位，具有強烈的爲女人申訴的反抗色彩。《後街》、《「完美」的丈夫》，前者以情人爲視角，後者以妻子爲視角，雙向透視，把一個自私、虛僞、冷酷的丈夫，從明與暗、前與後兩個方面揭露得淋漓盡致。

施叔青塑造的這些妻子們都是不能獨立，卻又不能夠棄絕自我，把自己變成「物」的女人。因而她們既沒有傳統女人心甘情願爲家庭爲丈夫犧牲的快樂，也不能像現代女性那樣去體驗創造與獨立的艱辛和驕傲。這樣，無論從傳統還是現代兩個不同的價值觀念體系看來，她們都有可指責之處。但「視角的轉換改變了一切」，由於施叔青是以妻子作爲視角，也即「完全從女人的角度出發」，就把同情與理解全部給了她們。從中我們也可以看出施叔青的創作不爲某種價值觀念所圍，她既不爲傳統的安於家室的妻子們唱頌歌，也不讚美現代女性獨立的神話。「困」於家中的妻子渴望擺脫婚姻的束縛，自由女性渴求獲得婚姻的安全。蕭的妻子李愫所要擺脫的一切，正是蕭的情人朱勤千方百計所要獲得的一切。也許這不祇是李愫與朱勤的輪迴，也是有關婦女解放主題的一個循環。從走出家庭獲得獨立的自信，到尋找歸宿，回歸家庭的渴求，正反映了婦女獨立解放所面臨的一個尷尬處境。一方面出於女性自我意識的需求，一方面來自生命本能男人與女人之間的相互吸引與依賴關係，生命與意識的這種矛盾糾葛狀態在她其後的創作中更表現得曲折而幽深。

八十年代以後，施叔青創作中一個引人注目的現像是塑造了一大批情人形象：《愫細怨》的愫細、《窯變》的方月、《一夜遊》的雷貝嘉、《情探》的殷玫、《晚晴》的倪元錦、《最好她是尊觀音》的潔西、《維多利亞俱樂部》的馬安貞、《她名叫蝴蝶》的黃得云等，這些女性形象幾乎是《壁虎》中那個大嫂和少女的合二爲一，晃動著她們的雙重身影，具有著大嫂的恣縱、揮霍和少女的冷靜、反省的雙重氣質，其中最爲豐富和複雜的莫過於愫細了。

《愫細怨》這篇以情人關係爲主要內容的小說，徹底擺脫了道德的判斷和前提，深入到赤裸裸的男女兩性之間，深刻地揭示了男女兩性自然的和社會的存在，性欲和文明的種種矛盾而複雜的關係。愫細和洪俊興分屬於「截然兩樣」、「格格不入」的社會階層，有著完全不同的文化背景。從文明的角度，愫細居高臨下，根本瞧不起「這個處處比自己差」的男人，更以他的家

族——「碌碌小民」爲恥，但她終抵擋不了洪俊興對她的進攻。這不僅是因爲寂寞，更主要的是「愫細抗拒不了他肉體的誘惑」，她和洪俊興的關係基本上建立在性愛的基礎之上，愫細甚至認爲「感情的事容易辦，兩人分開，一年半載就可以把洪俊興從心中移開去，不過要斷絕這種肉欲的吸引，只怕難極了」，從而非同一般地把男女間的性愛關係置於感情之上。也可以說愫細與洪俊興建立情人關係，是用肉身的一致，否定了他們之間社會地位和文明的不一致。不過，最終愫細還是結束了這段戀情，而且是以十分厭惡的心情做了了結。這並不僅僅因爲愫細意識到他們之間缺乏愛情的基礎，事實上從始至終愫細對自己在這段不相配的戀情中所扮演的角色都非常清醒，最後的一擊是愫細最終意識到她和洪俊興的性愛關係發生了根本性的改變。一次爭吵後，洪俊興拿出一副細寶石耳環想換取愫細的歡心，這使愫細猛然省悟到自己的降格：從主體降爲從屬的客體。最終，作者以愫細牽臟扯腑的大嘔，用身體的抗拒結束了這段孽緣。所以，準確地說，愫細對洪俊興的最後否定，不是理性、精神對肉身的否定，而是女性肉身對想要主宰支配她的男權性觀念與行爲的否定。

施叔青在《愫細怨》中，從女性自我審視的角度出發，細膩而豐富地傳達了女性在性愛中的不同體驗和感受，她對女性在兩性關係中，或成爲主體，或淪爲客體的揭示，反映了現代女性肉體的覺醒和現代女性的成長與成熟。與五四時期相比，當時被稱爲現代女性的女作家不僅有意無意地迴避性愛，甚至自覺不自覺地把抹殺性欲作爲純潔愛情的佐證。施叔青敢於把筆觸深入到女性的隱秘經驗之中，用身體的語言，本能地反應最爲徹底地否定了千百年來的文明對女性之軀的抹殺，以及主與奴，買主與物品的兩性關係，鮮明地區分了女性在兩性關係中所處的不同地位，這種感受和經驗不僅是非女人不能知不能言的，也是非覺醒獨立的女性不能知不能言的。

如果說愫細和洪俊興的關係構成了小說中的「我」和「他」的矛盾，那麼，愫細「我」之肉身存在和「我」之理性存在之間的矛盾構成了小說的另一個張力場。在《愫細怨》中，自始至終貫穿著愫細對自己肉身的欲求和力量的無奈與困惑，她的理性不止一次地決定結束與洪俊興的關係，但她的肉身卻一次次又把她拉回到洪俊興的身邊。最終，在愫細「我」中理性與肉身的分離、矛盾，也並未隨著愫細和洪俊興的分手而結束，因爲這個結局只解決了「我」與「他」的關係，不能觸及在「我」之中的矛盾和困惑，因而，

並不導致理性對肉身的否定。這使我又一次想到《壁虎》中那個初嘗性愛撫慰的少婦的疑慮，成熟了的愫細仍接續著這樣的疑慮，在生命本能和意識的張力中體驗著人類困境的一個方面。

現代女性的價值取向：性——生命——生命力

大概很難說得清什麼是女性的價值取向，什麼是現代女性的價值取向，以往的價值體系即然都是以男權爲中心建立起來的，就很難存在著一個眞正屬於女性的價值取向。也許我們可以試著概括男性的價值取向，把歌德的浮士德、司湯達的於連、羅曼・羅蘭的約翰・克利斯朵夫、傑克・倫敦的馬丁・伊登、海明威的桑提亞哥老頭作爲男性價値——「創造、成就和野心」的形象體現，但若以此劃分，把「社會上的女性價值限定爲母性哺育、姐妹情誼、克守貞潔和感情豐富」，〔註3〕在女權主義者看來，就只能說是男性對於女性的價值取向，是男人對女人犯下的滔天罪行——「讓婦女成爲他們男性需要的執行者」。〔註4〕因此，她們認爲，「女人的身份應該被看成既是天生的，又是自己創造的」。〔註5〕「在目前還不存在婦女獨立的整體，不存在典型婦女。」〔註6〕那麼，屬於女性的價值取向大概也應是這樣，在目前也不存在一個純粹的女性價值取向，它還在不斷的創造與設計之中。因此，本文所說的現代女性的價值取向，在於強調它的現象性和經驗性，是相對於傳統的文學現象中所表現出的對於男性的一般評價取向和女性評價取向而言的。

施淑在剖析妹妹施叔青的小說創作時，曾切中肯綮地評點到，「關於你的小說，我比較自信的判斷是，基本上，你畢竟是女性作家，飛短流長成了藝術結構的特質，兩性關係則是呈現問題的邏輯基礎。」〔註7〕「而你的作品一貫的精力旺盛，血肉豐滿」，「這種在質地上的豐富、生命力，是可圈可點的」，這種獨特的品質「在病病殃殃的現代中國文學現象中是頗少見的」。〔註8〕的確，在現代中國文學中，把筆觸涉及到性上面的不乏其人，但很少有人寫得像施叔青這樣正常、縱情與坦率。究其原因，我覺得在施叔青的小說創作中，

〔註3〕 張京媛主編：《當代女性主義文學批評》，北京大學出版社，1992 年。
〔註4〕 張京媛主編：《當代女性主義文學批評》，北京大學出版社，1992 年。
〔註5〕 張京媛主編：《當代女性主義文學批評》，北京大學出版社，1992 年。
〔註6〕 張京媛主編：《當代女性主義文學批評》，北京大學出版社，1992 年。
〔註7〕 施叔青：《被顛倒了的世界再顛倒回來——〈夾縫之間〉自序》。
〔註8〕 施叔青：《被顛倒了的世界再顛倒回來——〈夾縫之間〉自序》。

有一個潛在的邏輯，即她不僅把兩性關係作爲呈現問題的基礎，而且自覺不自覺地把性與生命、生命力相連，使之成爲生命和生命力的象徵或說是試金石，把生命和生命力作爲價值判斷的基準。這樣，她能非壓抑性地、不遮掩地正視人的性的問題，以及官能的享樂和本能的欲望。

大凡女性總是期待著去認同一種代表人類完美的男性，女作家更經常以理想的男性寄託自己對人類完美的夢想。不過，在女作家的筆下，正像美國艾德里安娜·里奇所概括的那樣，「男性的魅力似乎完全來自於他對女性所表現的力量以及他以武力對世界進行的統治，而不是源於他自身某種豐富的、極富生命力的東西。」〔註9〕這一體察不僅顯示出社會對男性價值的要求，也指出了女性對這種價值的認同。但施叔青於此相反，從她的小說創作所表現出的價值取向來看，她向男性要求的恰恰是「他自身某種豐富的、極富生命力的東西」，是與男性強力相反的溫柔性質，這又恰恰原本是男性向女性所要求的。也就是說，作爲一位女性作家，施叔青對於男性所要求的，正往往是男性對於女性所要求的。

她在《約伯的末裔》中，一方面以木屋被蠹蛀空的景觀暗喻著木匠江榮的生命僅剩一個空殼；一方面又以年青漆匠的健康、氣盛、積極的處世態度和方式對比著木匠江榮生命力的倦怠、衰竭和老態。儘管最打動江榮的是縱欲的享樂，是有著「胖嘟嘟的腿肚，擠出白線襪外」、「混身是勁」的生命，甚至他懷疑自己「是個天生的肉欲者」，但他害怕沉溺、害怕動物般的生活，害怕毀滅純潔而爬進木桶，把自己的欲望緊緊包裹起來，「一個並非無能的男子，卻只有享受這種屈辱的，暗自想哭的踐踏」。在這裡施叔青以江榮的性壓抑對他生命力的踐踏、抹殺，以他「血虧的青春」、「血虧的生命」呼喚著人類年輕、血性的生命力。而江榮的矛盾困惑又正是《壁虎》中那個少婦的矛盾困惑，一方面他們體察到自己肉身的欲望，另一方面又爲官能恥辱感和罪惡感所禁錮。小說的標題也是一種暗喻：約伯因敬畏上帝而遠離惡事，江榮因一種觀念意識禁錮欲望，而使人的生命力喪失殆盡。他屬於約伯一族，然而又是這一族生命力徹底衰竭了的末裔，作者通過這種隱喻以歷時性的聯繫，向人類的退化發出象徵性的警告和預言。

在《安崎坑》裏，李元琴爲礦工王漢龍「鮮活的野勁深深的迷惑著了」，也正是這個「充滿人的原味」，能讓人聽見「體內的血嘩嘩的流著」的男子，

〔註9〕 張京媛主編：《當代女性主義文學批評》，北京大學出版社，1992 年。

使李元琴與丈夫從內心相疏離，遣責抗議丈夫的自私行徑。

在《窯變》中，方月對姚茫的取與捨正受著作者價值取向的支配。如果說，方月先是為姚茫優雅到無懈可擊的包裝舉止所吸引，終也恰恰為這種精緻得失去活氣的生命狀態而恐怖。姚茫正像他把玩觀賞的磁器古物那樣，成為一種僵死文明的化身，無可挑剔，祗是缺乏生命的迹象，閃著冷冷的光。方月最終離開姚茫時，意識到「自己經過了那一片墳場」，這不僅是方月自己對自己的超越，也是年青的生命對垂垂老朽的生命的超越。

也許是因為女性是創造生命的載體，也許是因為千百年來男女所承擔的不同社會角色所致，很多哲人及大文學家都極簡單明瞭地概括說：「生命的最高目的，男人為名，女人為愛情。」〔註10〕施叔青的創作從根本上打破了這兩種對於男女兩性不同的價值觀。她筆下的女主角們不僅痛恨有野心的事業型男人（如葉洽、李懍、方月），為男性的溫柔所征服（如李元琴、懍細、方月、馬安貞等），而且也不再扮演傳統的純情少女、忠貞妻子或富於犧牲精神的母親角色。

施叔青的小說創作基本上不談「愛情」，或者說，不像一般女作家那樣，把情感奉為至高價值，與愛情相關的所謂「忠心」、「整個身體和靈魂的奉獻」等價值意義不在她關注範圍之內，起碼不佔據重要位置。她從不以這類的傳統女性價值準繩去衡量和要求她的女主角們，對於女性，她關切的是她們自身的需要、意願和實現。也許正是出於這種獨立、自由的觀念，她在處理兩性關係時，以性愛壓倒了情感，以相互的滿足代替了對「忠誠」與「犧牲」的價值要求。她所描寫的情人們的戀情基本上不是出於愛情，而是產生自需要，或是一種需要安全感的本能，或是對寂寞的恐懼，或是對性愛的渴求。她們一旦能夠重新振作，把自己充實起來，就會斬斷孽緣，飄然而去。不管是聚還是散，都不再有著「生死戀」的情感強度，愛情不再是女人生命的整個存在，也不再是女人所追求的唯一目標。如果說，瑪甘淚在歌德筆下成為浮士德向上昇華的一個階梯，那麼拋棄洪俊興、姚茫和徐槐也同樣是懍細、方月和馬安貞們走向成長與成熟的一級。施叔青正是以男性對待愛情的態度來包容、庇護女性，促使女性獲得獨立、自由，而非甘願犧牲的現代意識。我覺得也正是出於這種對女性權利的關懷和尊重，使施叔青的創作能夠「對

〔註10〕西蒙・波娃：《第二性——女人》，湖南文藝出版社，1988 年。

於一般習見的現象給予新的詮釋」。〔註11〕這種獨立的精神，也使施叔青對那些依靠和利用男人達到自己目的的女人（如《一夜遊》、《票房》中的太太小姐們）表現了男性所做不出的鄙夷與輕蔑。當然，施叔青也未能徹底免俗，在《愫細怨》中，愫細對洪俊興的出身、家庭，不加掩飾的鄙視，流露出作者對社會地位的權衡與在意。

由此可見，施叔青在創作中似乎互換了傳統的對於男女兩性不同的價值觀，對於男性，她的價值取向偏於強健的生命、極富生命力的東西和溫柔的性質；而對於女性，她所看重的恰是需要、自主和自我實現的價值。大概不能把這種價值的顛倒作為具有方向性的女性價值取向，但它確實代表了現代女性價值取向的一個方面。

還需說明的是，儘管在施叔青的創作中隱含著把性與生命、生命力相連的邏輯起點，並進而承認、肯定了人的本能欲望和官能享樂的價值，但施叔青也同樣肯定與活躍的生命本體相對立的精神、意識的價值。她既不能以作為本能的肉體和性來取消文明、意識提供給人類的價值，也不能以文明、意識提供給人類的價值去否定人的自然本性的「縱情」與「狂歡」。因而她不能像勞倫斯那樣，徹底崇尚性、生命和自然，到生命的底層去尋求力量與拯救，而懸擱在生命和意識的矛盾之中。這種矛盾關係不是一方決定、支配一方的傳統的二元對立，而處於平行並置的狀態。這種亦精神亦物質，亦靈魂亦肉體的矛盾追求反映了她價值觀上的多維狀態並構成了她小說創作中的一種特殊情態。

超越女性：人——社會——歷史

施叔青曾說：「我是個比較依賴直覺、本能的人。」〔註12〕這是知己之言，不過，還有另一方面，施叔青也是位有著自覺的追求的作家。而且，這種自覺的追求越來越強烈，特別是她到了香港之後，創作意識愈發明確，她的創作視野越來越由人—社會的維度，進而向社會—歷史的維度發展。

在「香港的故事」階段，施叔青面對一個五光十色、物欲橫流的繁華世界，一方面，她的本能獲得了「縱情」地「歎世界」的「狂歡」；另一方面，「人的尊嚴」、「人的意義」等人文問題又使她清醒地衡定著在這個人為物所役的社會中人的生存狀態，於是，要使「被顛倒了的世界再顛倒回來」，就成

〔註11〕 舒非：《與施叔青談她的「香港的故事」》。
〔註12〕 舒非：《與施叔青談她的「香港的故事」》。

爲她這一創作時期的主要意識和自覺追求。

在這一時期，施叔青並沒有放棄女作家的天性，也沒有排斥自己的直覺和本能，她所選擇的以兩性關係作爲「呈現問題的邏輯基礎」和透視點，使施叔青鮮活的直覺體驗和她固守的理性、意識這兩方面都達到了極度的發揮，並在作品中維持著一種奇妙的平衡狀態。《愫細怨》、《窰變》、《情探》、《驅魔》、《晚晴》基本上都是以兩性關係爲邏輯基礎和透視點而展開的，施叔青通過男女之間性的吸引與排斥的複雜心理衝突，展現了他們各自存在的社會性，揭示出物的力量對兩性關係的覆蓋。

愫細與洪俊興的關係實際上是洪俊興所代表的物的力量不斷膨脹，逐步侵佔愫細精神優越感的過程，愫細對洪俊興的暴虐傾向是爲自己無奈的貶值而發的，她的大嘔表示了她對被物化的拒絕，對這個物化的社會與人的厭惡態度。《窰變》中的姚茫更是香港的物質文化高度發展成一種精緻藝術的代表。他的住宅可看成一種象徵，四面牆壁像神龕一樣供奉著主人的精心藏品，爲冰冷的瓷器古物所充塞。這暗示了物對人的生存空間的侵佔，人處於物的擠壓之中，生命被物所堆積、榨乾的一種生存環境。在這裡，作者將物欲與死亡相統一的景致令人震驚。《晚晴》則與物質高度膨脹的香港相對照，描寫了在大陸物質的極度缺乏對人性的扭曲。袁平似乎根本沒有把倪元錦看作是初戀的情人，而是富裕的港客，興趣焦點全在於吃飯、禮物、擺闊、試探是否能借倪元錦之力逃離大陸。最終，使二人結合的力量來自本能而非情感。

《情探》和《驅魔》都涉及到兩性關係的一種更隨意的狀態。小說中的男男女女似乎都在依據自己的不同需要，輕易地去和異性建立一種性關係。殷玫本是個可以獨立的女性，但「爲了撐場面，也爲了換回自信的昂貴服飾」，不惜「從一個男人流浪到另一個男人」；顧延更是一個「放任的浪子」，同時和幾個女人輪流來往，「毫不吝嗇地供給逸樂，這是唯一證明他存在的動作」。這種兩性關係的狀態也許更說明了「在今天的世界上已沒有什麼禁忌供人逾越了」[註13]的現實，性關係赤裸裸地成爲一種物質關係，不存在感人的愛情，也不再有著僭越社會樊籬的抗爭，更談不上倫理道德的衝突，甚至沒有個人的喜好與欲望，不僅喪失了對性愛的精神理想的追求，甚至喪失了對本能欲望滿足的體驗和渴望。物質主義對人的存在的吞噬，恐怕再沒有比這種物欲所造成的對生命

〔註13〕丹尼爾·貝爾：《資本主義文化矛盾》，三聯書店，1992 年。

本能的遺忘更令人怵目驚心了。建立在物質關係上的兩性關係不再有著相互慰藉的情感與激情，雙方只好各自忍受性漂泊的孤獨與寂寞。

施叔青通過對現代社會兩性關係的透視，揭示出在一個物質環境、物質意識、物質關係，全面物化的社會中人的生存的困境，表現出要與吞噬性的物化世界相抗爭的努力和意識。

《票房》、《一夜遊》、《尋》、《相見》則以女人間的勾心鬥角為結構線索，表現了在物質主義的社會氛圍中人的無情勢利以及自身價值的移位與失落。《票房》中的盧太太柳紅敢和科班出身的丁葵芳爭角色，能夠讓青衣名角為她做配角，靠的是她丈夫的財勢，這在唯錢是論的香港通行無阻。丁葵芳再不服氣也無人會站在她的一邊，她也不能不為生存問題而低頭。《一夜遊》中的雷貝嘉要想往上爬的唯一途徑，注定要依附著男人才能攀緣上去。《相見》裏的邱翠萍只能以揮霍擺闊來填塞自己空虛的內心，和舊日同學一爭高低。《尋》則揭露了那些闊太太善舉背後的虛榮、自私與無聊。施叔青通過上述作品所勾畫出的中上層婦女太太們的群像和關係，「眩人心目」地呈現了一個珠光寶色、閃爍著物質光芒的物質環境。在這個以消費來競爭身份地位的社會中，不論丁葵芳、張晶如何在內心確信自身的價值，雷貝嘉、小香香再如何拼命想改變自己的命運，都不能不感受到物質對她們的擠壓，為她們所設立的難以逾越的障礙。《冤》更反映了物質力量給下層小人物所造成的毀滅性打擊。

從一系列「香港的故事」中可以看出，香港發達的物質環境給施叔青以強烈的刺激，這也正是施叔青「通過氣質觀察到的創作的角落」。作為一位女性作家，一方面她對於描寫炫耀衣飾、揮霍的生活情態和高雅文明的生活情調有著出於女性本能的不自覺的投入和迷戀；另一方面，她又自覺地堅持一種社會的意識和人類的精神價值。在施叔青的筆下，物質既是「歎世界」的對象，也是意識與精神的對立面；既是文明發展程度的象徵，也是文明淪喪的證據。她批判的敘述意識與她的本能、直覺相矛盾；她女人的天性與她想要超越這種天性的努力相矛盾，在意識與生命本體相對立，感覺和意識相分離的狀態下，施叔青在保有完好的感覺理解力的同時，又體現了意識理解力在其中所做的努力。也許，這兩者之間應是相互掣肘的，不過在施叔青的這些作品中卻又奇妙地發揮著各自的功能。前者，帶來了「質地上的豐富、生命力」；後者，則對社會實行著一個嚴肅作家所應採取的批判和超越的立場。

　　最近，施叔青又以兩部長篇大著《維多利亞俱樂部》、《她名叫蝴蝶》引起評論界的關注，她本人也標舉自己在創作上的重要改變，聲稱她已對以前「過份投入筆下的女人，與她們沒有距離的共同呼吸生息的寫法感到無比膩煩」，﹝註 14﹞而試圖以巴爾扎克的小說和《金瓶梅》爲範本，「用筆來做歷史的見證」，「爲後人留下一部香江風情圖錄」，﹝註 15﹞表現出要把自己的創作視野進一步轉移到社會—歷史維度的自覺。

　　儘管《她名叫蝴蝶》還僅僅是囊括一百五十年來帝國主義統治下的「香港三部曲」之一，不過已能見出構思。《維多利亞俱樂部》是獨立於「香港三部曲」之外的，它與之僅有著人物背景上的聯繫。這兩部長篇在結構上完全不同，《她名叫蝴蝶》是一種歷時性的結構，它以一個家族的命運來串起發生在香港歷史上的重要事件，從而展現香港社會的歷史畫卷和變遷。而《維多利亞俱樂部》則是一種共時性的結構，它以維多利亞俱樂部一件貪污案件的審理爲中心，從而纏繞出香港社會的各個階層、各種背景、各類人物，而成爲現代香港社會的縮影。

　　在《維多利亞俱樂部》中，施叔青爲了表現社會歷史意識，刻意運用了暗喻的功能，她把維多利亞俱樂部作爲殖民地的象徵；以審理貪污案件暴露出的司法的不公正指涉殖民者民主、平等的謊言；用俱樂部採購主任徐槐與頂頭上司威爾遜的關係設置比喻殖民地殖民者與被殖民者君與臣、主與奴的本質關係；最終又通過貪污案發，威爾遜一走了之，讓徐槐去充當替罪羊的結局預言了香港必爲宗主國所棄，必得接受歷史裁判的命運。小說始終把徐槐置於等待開庭的惶惶不可終日的焦慮之中，這也暗合了九七大限即將到來，港人對未知命運的恐慌與惶惑的心態，甚至徐槐本人從無到有、從有到無的戲劇化命運也是一種預言，傳達了港人的一種擔憂。大概也正是因爲這許多指涉意義，施叔青對一個貪污犯寄予了非同一般的同情，甚至有著一種「共同呼吸生息」的投入。在《她名叫蝴蝶》中，作者更從香港殖民地初期查找那些喪權辱人的殖民政策，讓人回首殖民史上那些不堪入目的強權與屈辱。

　　社會歷史的意識使施叔青在這兩部作品中「講述」與概括性描寫壓倒了「顯示」與形象化的描繪，她的理性，意識超過了她的情感與感受，而削弱了她以前作品所表現出的「在質地上的豐富」的特點。

﹝註 14﹞ 施叔青：《我寫〈維多利亞俱樂部〉》，《聯合文學》1993 年 2 期。
﹝註 15﹞ 施叔青：《我寫〈維多利亞俱樂部〉》，《聯合文學》1993 年 2 期。

儘管如此，施叔青要為一百五十年來帝國主義統治下的「東方之珠」，以小說立傳的構思與設想，在香港文學史上是絕無僅有的，這種宏偉的氣勢和視野也是香港文學所缺乏的，特別是她潛心歷史資料的收集和研究，這種極其專業化的寫作方式也是令人讚歎的。

原載《文學評論》1994 年，第 4 期

林海音對於女性文化角色的選擇

　　林海音是一個謎，她的完滿的生活著實讓人好奇。世人感慨事業和家庭難以兩顧，她卻在兩個方面都做得令人稱羨。有人歎息，做女人難，做名女人更難，可對於林海音來說，她的公共形象和私域形象都好得贊聲一片。據說，她創作的文本同樣也令臺灣的女權主義批評家困惑，不知是該肯定呢，還是否定。肯定吧，她的作品精神和她們的倡導不太對路；否定吧，似乎又和她們並非絕然對立。

　　女權意識的興起爲評判女性形象提供了一個完全不同於傳統的，男權社會給女性規定的價值標準。往簡單裏說，就女人自然所要承擔的社會角色來看，是爲人母、爲人妻、爲自我。在傳統的女德價值秩序中，根本否定爲自我，而把爲人妻擺在第一位，爲人母放在第二位。所謂「夫爲妻綱」，「父爲子綱」是也，更何況沒有爲人妻的身份，也沒有爲人母的正宗身份。女權主義則完全顚倒了這一價值秩序，第一爲自我，第二爲人妻，第三爲人母。極端者可以拒絕爲人母，更爲極端者甚至拒絕爲人妻。而林海音呢，我體會她在兩者之間做了調和，是第一爲人母，第二爲自我，第三人爲妻。不信？我給你細細道來。

　　林海音有一部中長篇小說《曉雲》，寫的是母女兩代都充當了第三者插足婚外戀的故事。作者既沒有站在傳統道德的立場，把曉雲和她的母親描寫成害人的妖精，也沒有以現代的意識，張揚唯愛情獨尊的精神，她在婚外戀的老套故事中一反常規，歌頌的是母親的情懷。曉雲的媽媽年輕時陷入了師生戀，儘管她的老師已有家室和兒女，但他們還是生下了「愛情的結晶」曉雲，狂熱的戀情又讓他們爲逃避輿論的譴責，丟下曉雲，背井離鄉。直到撫養曉

雲的姥姥去世，他們一家三口才得以團聚。可是，曉雲作為一個不明身份，
受人歧視的女孩子卻缺乏親情，直到父親去世後才和母親建立起相依為命的
聯繫。曉雲長大了，又重蹈了母親的覆轍，這回她愛上的是自己學生的父親，
也同樣有了愛情的結晶，但曉雲的情人思敬和母親卻都不知情。思敬為了和
曉雲生活在一起，申請去日本，計劃能把曉雲接到身邊。曉雲的母親為了她
的幸福，說服思敬放棄曉雲，讓曉雲和一直追求她的文淵結婚。思敬誤會了
曉雲的失約，答應了曉雲母親的請求。而思敬的妻子為了維持這個家，也不
顧女兒的學業，帶著女兒赴日本與丈夫團聚，全盤的計劃都失策了。

　　如果僅僅是這樣，這篇小說就成了一部勸世之作，曉雲的命運也不過成
為一個少女不知珍重的典型教材，但林海音卻從這個習見的「一失足成千古
恨」的世俗故事中昇華出母性的力量和光輝。曉雲的母親為了要等到女兒有
一個好的歸宿才肯放心地離開她，毅然拒絕了她所傾慕的林教授的求婚。曉
雲在面臨未婚先孕，情人又不可能和她結合的尷尬處境中，沒有怨天尤人，
反而感到無比的堅強，林海音讓她自豪地想道：「我既然像世人所責備的，沒
有珍惜我的燦爛的時代，但是它卻給了我生命的最深的意義。我的經歷，使
我成長，看，纖弱的我，竟孕育著另一個生命。愛，應當怎麼解釋啊！」〔註
1〕她挺著大肚子餵著一群雞仔，看著「母雞帶小雞來啄食一陣，吃飽了就昂
然舉步，躊躇滿志地又領著她的小兒女們走了，」不由得感慨，「她真了不起，
又厲害，又慈愛，在母翼下，那群小雞是最安全的。」〔註2〕因而，當她偶然
看到思敬將赴西德就任新職，由日返國述職的消息時，也毅然放棄了去找思
敬解釋一切的衝動，而決定迎接去為還未出生的嬰兒採購東西的媽媽歸來。
小說在曉雲堅信「生命不是就此了結，而是永恆的」感覺中結束。在這裡，
作者把女人生命的象徵──愛情置換成了生命的延續──孩子，賦予他以生
命的最深意義，林海音對為人妻與為人母的價值選擇也可以由此昭然若揭。
曉雲決定和母親生活在一起的選擇，似乎成為女人，更準確地說是母親間的
「同謀」，她們以母親的紐帶聯結在一起，因母性的力量而放射出讓世俗道德
黯然失色的光彩。從這點看，林海音並不缺乏反叛性，她同樣是以女性的立
場，只不過是以女人母性的立場，而不是以女人自我的立場反叛以家庭、以
男人為中心的男權社會。

────────────────

〔註1〕　林海音：《林海音文集·曉雲》，浙江文藝出版社，1997年，第234頁。
〔註2〕　林海音：《林海音文集·曉雲》，第239頁。

　　林海音還有一部長篇小說《春風》，描寫的是一個典型的女人自我奮鬥的故事。小說女主人公呂靜文從一個鄉下羸弱女孩，靠著頑強奮鬥的精神，考上大學，畢業後又為了實現「得天下之才而教育之」的平生抱負，一直在教育崗位上奮鬥了 25 年，辦成功了一間女子私立中學而成為社會名流，是一個為熱愛工作而付出任何代價都在所不惜的人。她一生無子女，以培育別人的子女為己任，也忽略了自己的家庭生活，常年與丈夫分居兩地，把學校當作她的家。正像一切女強人的悲劇一樣，她雖然在事業上取得了成功，在個人生活方面卻一敗塗地。她丈夫曹宇平偷偷在外地又組織了一個家，還生了一個女兒。當曹宇平和她舉行銀婚慶典的時候，他的不合法的家庭也持續了 12 年。也許是長期的愁悶愧疚所致吧，曹宇平的情人安立美患了絕症。她知道自己的日子已經不多，在這世界上最讓她放心不下的就是父母去世後，她一手帶大的弟弟和女兒幼幼。讓安立美感到欣慰的是終於在弟弟出國深造後，她如願以償地把訂婚戒指替弟弟戴到了他愛戀的瓊英手上。為了將女兒安頓好，她又瞞著曹宇平偷偷跑到呂靜文辦的私立女校考察，見到呂靜文後，她沒有坦白自己的身份，卻帶著「全部的信心」回去了。安立美去世後，幼幼帶著媽媽的懺悔和囑託信來到呂靜文的面前，在信中安立美親切地稱呼靜文「大姊」。冥冥中呂靜文彷彿都已經知道了，她拉起了幼幼的手，堅定地把她帶回了溫暖的家。這不能不說又是一次女人，仍可以更準確地說是母親的「同謀」，為了孩子，這一對本來應該嫉恨如仇的女人，瞞著他們共同的男人，攜起了手，結成了姊妹之誼。至於曹宇平，既不為安立美，也不為呂靜文所特別關注。可以說，對於男女兩性關係的這個忽略，恰恰成為這篇小說的新意。它打破了一般三角關係模式所必然演義的兩性主題，而謳歌了女性之間以母親的意義而產生的一種深刻聯繫。它也突破了一般賢妻良母和女強人對立的主題，安立美和呂靜文雖然正是與此相對應的兩種類型，安立美以家庭（雖然不是合法的家）為中心，因缺乏成就感，多少有些自卑、軟弱；呂靜文則以事業為重，又因缺乏家庭生活而顯得僵硬和過於冷靜，也因對於丈夫的忽略而有些不近人情，但在母親的身份意義上，她們都是偉大的。「春風」正是作者對於母性的比喻，呂靜文和安立美，以及一切母親正是孕育、復蘇、生長宇宙間一切生命的「春風」。

　　林海音筆下的母性，已與傳統的忍氣吞聲、縫縫補補的母親形象有了很大的區別。她所特別推崇的母性品質不僅僅是「撫育」，更具「撫養」的性質，也

就是說是供給生活所需的贍養的責任和能力。這樣，林海音實際上就賦予母性以傳統男性的一種社會功能，因而，這樣的母親形象與現代女性所追求的自我實現實際上並不矛盾，也可以說她是以貌似女人的傳統身份，高揚了一種現代的精神。正是對於一個人在逆境中也能夠承擔起「撫養」責任的推崇，林海音忽略了曉雲母女和安立美的社會道德問題，並賦予呂靜文的自我奮鬥以更高的價值。我們還可以想到林海音的自傳小說《城南舊事》中那個靠偷東西供養弟弟上學的「賊」，林海音對於他的超乎社會規範和道德的同情，正出於同樣的尊崇。可以說，林海音賦予「撫養」以人性的最深的意義，她作品的反叛性也由此而來。「母性」正是這個最深意義的恰當載體，或說是象徵。

對於母親「養育」品質的尊崇，反過來說，又使林海音喜歡以孩子的視角去重新評定社會習俗、倫理道德或規章制度。孩子的視角決不僅僅是林海音小說的形式因素，更是她的價值標準，她是以孩子的感覺為感覺，孩子的是非為是非。林海音的著名自傳小說《城南舊事》，就是完全以孩子的視角組織、敘述、左右小說的通篇結構、主題和情感傾向的。在《惠安館》中，世人眼裏嚇人的瘋子，卻是小英子最知心的朋友。讓世人聽來的瘋話，可在小英子聽來，卻全是一個母親對於她失去的孩子的焦慮，為尋找她的孩子，一個母親的清醒的記憶、有計謀的籌劃和有理性的行動。小英子甚至從她提供的線索中真的為她找到了失散的女兒，即使最終的母女出逃，慘死輪下的悲劇，寓意的是社會倫理道德對於一個不合規範，未婚先育的母親的殘害和踐踏，而不是她的「瘋」。在《我們看海去》中，世人只知道那個被抓的壞人是偷東西的「賊」，小英子卻知道他有一個「我們看海去」的夢，他想讓弟弟代替他飄洋過海去念書，去實現這個夢。所以，小英子說她不知道什麼是好人，什麼是壞人，就像她分不清海跟天一樣。隨著小英子的長大，她開始有了自然情感和社會情感的區別與矛盾。

在《蘭姨娘》中，小英子天性喜歡這個曾經當過妓女，嫁人後不堪蹂躪，逃到她們家落宿的漂亮、風流的蘭姨娘，可當她一旦意識到父親對她圖謀不軌，蘭姨娘的存在威脅到她的家的時候，就鬼精靈地把蘭姨娘介紹給德先叔，待到他們真的喜結良緣雙雙告別時，她又轉而同情父親，捨不得蘭姨娘了。小英子越長越大，開始意識到貧富的差別和人生的苦難了。她家的傭人宋媽為了賺錢養家，扔下自己的兩個孩子來到小英子家做奶媽。可是，自己的孩子一個被送了人，一個掉到河裏淹死了。最終小英子意識到「爸爸的花兒落

了，我也不再是小孩子」時，她不得不長大了，雖然，她也只有 12 歲，但作為家庭老大的她，爸爸的去世讓她過早地承擔起幫助媽媽撫養 4 個妹妹，2 個弟弟的責任。林海音和小英子一樣，是多麼留戀她的童年，但生活要她「做人人」，她對人人所要肩負的撫養責任的艱難，小孩子對於一個完整的家的渴求，對於長大的恐怖，也就有了非同一般的體恤和知曉。林海音直到晚年回憶她寫作一生的時候，最忘不了的就是父親去世對於她人生的改變。她說，「從 12 歲喪父那天開始，我童稚的心靈就隱隱約約覺察到人生無常，現實生活的殘酷，我必須要在寡母和年幼弟妹中間，面對現實的人生、宿命的可怕力量。」〔註3〕可以說，貫穿在林海音作品中的價值選擇是埋藏在她心裏的最屬於她的情感和生活經驗積累的結晶。她的短篇小說《爸爸不在家》、《謝謝你，小姑娘》、《竊讀記》、《雨》、《母親的秘密》、《母親是好榜樣》、《周記本》等也都以孩子為視角，細緻地描寫了他們的恐怖、渴望和愛，這些小說不是為孩子寫的，而是要讓孩子的幼小心靈喚起成人的感動、自責或責任感，寄寓著作者對於成人語重心長的教誨和呼籲。

　　林海音還有一部分反映舊式婚姻中傳統女人悲劇命運的小說，這可以說承續了中國現代文學的一種題材類型，林海音也並不諱言她所受到的凌叔華的影響。不過，她畢竟是在隔了半個多世紀後再進行重新審視，重新詮釋的，相隔了一段不短的時空上的距離。比較起來，五四時期多出於批判封建倫理道德思想革命的需要和激情，傳統女人完全是作為封建的婚姻制度無辜的受害者形象而給以無限的同情和憐憫的。左翼文學運動興起以後，女人的悲劇又突出了階級的壓迫和蹂躪，女人仍然完全是一個「無辜的受害者」的角色。顯然，林海音的審視和詮釋包含著這些思想成果的因素，但又不盡然。她對於傳統女人命運的描寫讓我想起了張愛玲的一段形象概括，張愛玲一反把女人看作籠中鳥的新傳統象徵，認為傳統的女人不配，因為「籠子裏的鳥，開了籠，還會飛出來。她是繡在屏風上的鳥——惆鬱的紫色緞子屏風上，織金雲朵裏的一隻白鳥。年深月久了，羽毛暗了，黴了，給蟲蛀了，死也還死在屏風上。」〔註4〕這個意象突出了傳統女人與傳統家庭制度同生共死相互依存的關係，或者也可以說傳達了傳統女人和傳統家庭一體化的寓意，代表著具

〔註3〕 林海音：《林海音文集·自序》，浙江文藝出版社，1997 年，第 3 頁。
〔註4〕 張愛玲：《茉莉香片》，《張愛玲文集》第 1 卷，安徽文藝出版社，1992 年，第 56 頁。

有了現代社會所需要的獨立生活能力和意識的現代女性對於傳統女性的一種再認識。這一認識恐怕是異性所不敢或不便觸及的，也往往是沒有嘗過自食其力滋味的女性所忽略和難以體會到的。把傳統女性完全作為無辜受害者的理解本身就沒有把女人作為一個獨立的人來看待，儘管這其中包含著對於女人的巨大同情。

　　林海音所描寫的舊式女人更準確地說是一個舊時代在現代社會的遺留。我注意到，林海音很少純粹寫傳統女性的婚姻故事，而是在兩代人的對比中強化傳統女人犧牲的無謂，甚至帶有點兒戲謔。比如在《金鯉魚的百襉裙》中，小說的開頭由金鯉魚孫女對金鯉魚遺物百襉裙的發現，引出「金鯉魚的百襉裙」的故事，最後又以金鯉魚的兒孫輩對金鯉魚一生的感慨和評價做結。金鯉魚的悲劇固然是由封建宗法制度造成的，在這個等級森嚴的制度下，金鯉魚儘管替許家生下了傳宗接代的兒子，但她為人妾而不是為人妻的身份，卻仍不能算作是這個家庭的嫡系。所以，建立民國的意義對於她來說，就意味著她也能像老奶奶、少奶奶、姑奶奶們一樣穿大紅百襉裙了。可就在她自作主張為自己繡製了一條百襉裙，準備在兒子結婚典禮上穿時，大太太命令家裏婦女一律穿旗袍。這無疑給了金鯉魚致命的打擊，因為大家都穿旗袍固然沒有身份區別了，但金鯉魚要的恰恰就是「這一點點的區別呀！」她一生嫉妒、渴望、傷心的就是這一點點兒的區別所代表的身份等級。最終金鯉魚抑鬱而死是為舊家庭壓迫所致，也是她自己的失落所致，她不是宗法制度的反抗者，而是它的「想做奴隸而不得」的忠實維護者。她的靈柩還是借助許家的唯一傳人，她親生兒子的哭鬧才「堂堂正正地」由象徵正宗身份的「大門」，而不是象徵「旁支」的「旁門」擡了出來，這正是傳統女人「死也還死在屏風上」的典型示例。小說最後一節以「現在算不得什麼了」為題，代表了金鯉魚的晚輩，也是作者的態度。在現代人看來，一個女人把自己的生命繫在一條百襉裙上，「真是不可思議」，其間正反映了兩個不同時代價值觀念的巨大落差。

　　《燭》裏的奶奶似乎可以算作是一個封建宗法制度的反抗者，她因為痛恨秋姑娘偷偷地，而不是由她選擇，走進了她丈夫的生活裏，自動放棄了她的位子，裝病臥床不起，以致真的癱在那裡，成為一具活屍。老太太用自己的生命所點燃的這份大家婦女的矜持、驕傲和寬量，在現代社會「倒成了大家談笑的消遣品了」，成為孫女鑫鑫眼中的小兒麻痺症患者。生活在宗法制度中的女人，的確像張愛玲所說，「年深月久了，羽毛暗了，黴了，給蟲蛀了」，喪失了任何

的生存反抗能力，除了舊家庭所賦予的爲人妻，爲人母的身份，自我只不過停留在「小兒麻痺症」的階段，只好「死也還死在屏風上」。《殉》中的那位年輕守寡的方大奶奶，雖然早就已經生活在一個可以自由戀愛、離婚、再嫁的時代，但她的矜持、貞潔觀念都讓她認命，心甘情願地用自己的一生來換取殉來的「補償」，她的養女小芸說她是爲陪葬而嫁給家麒的，告訴她認命的時代早已過去了，可這不是屬於她的時代，她只能「死也還死在屏風上」。

林海音以民初女性在現代的命運爲主題的系列婚姻故事，沿著五四新文學所開掘的新的題材領域，進一步表明舊時代的崩潰已經發展到了喜劇階段，現代女性已經成長到可以輕鬆地和她們前一輩的悲劇命運揮手告別了，代表了現代女性對於女人命運的更深入的自身反省和認識，從而更豐富和深化了這一主題。

林海音講述的女人故事儘管涉及傳統與現代兩種類型，但都是以女性的獨立爲根基的，缺乏這一根基的傳統女性，儘管生活在新時代也無法結束她們的悲劇命運，只能作爲舊時代的「陪葬」。具有這一根基的女性不論爲人母，爲人妻，還是爲自我都具有現代新女性的因素，儘管這不能保證徹底避免人生的悲劇，卻可以擺脫傳統女性的悲劇。所以，林海音的作品雖然表面看來，似乎在讚美女人傳統的母親角色，而和冰心的作品主題一脈相承，其實比冰心更具有反叛性，冰心並不跳出禮教之外，在既成規範以內接受母性角色而加以神化，林海音則既在其中，又能跳出禮教之外，不僅接受既成規範以內的母性角色，還包括那些不被既成規範所接納的不合法的母親，更何況她的母親形象比傳統母親的「撫育」功能，更多了一種父親的「撫養」的品質，表現出現代女性對於母親形象文化內涵的豐富和改造，從而也進一步豐富了人性的內容。

原收入舒乙、傅光明編《林海音研究論文集》，臺海出版社，2001 年

「紅紗燈」下的世界
——談琦君的散文

　　讀琦君的散文很容易讓人想起冰心，「母愛」和「童心」是她們作品中一望而知的共同主題，一個顯著的特徵。冰心歌唱「普天下的母親的愛」，她把母愛推及博愛而解除罪惡，「一個沒有出過學校門的聰明女子」的邏輯，讓舉世震驚而感動；琦君頌揚「母心似天空」，她寫了一輩子的母愛，源源不竭的一個母親的無邊無際的愛，一個女兒的無邊無際的仰體親心，也同樣使人感慨萬千而垂泣。冰心為自己「從前也曾是一個小孩子，現在還有時仍是一個小孩子」而常常自傲，她的一本《寄小讀者》風靡至今，開闢了散文的一種體式；琦君自稱「老頑童」，人們說她「六十歲的時候，仍然常存著六歲的童心和十六歲的純真」，她也寫出了一本自己的《寄小讀者》，同樣風靡了八、九十年代的青年。

　　不僅如此，冰心和琦君，竟有著相似的家庭環境和經歷。儘管琦君比冰心晚出世了十七年，但兩人都曾有位威風凜凜的軍官父親；有位集中了中國傳統女性美德的母親；都曾被當作男兒般教養；都上過基督教的教會學校；都受到了良好的高等教育；都有個幸福的家庭；不管她們是否曾出外上學或任職，給人的印象都是安居在家庭裏的閨秀或是主婦；儘管她們都是作家，但卻使人覺得寫作並不是外在於她們，需要為之奮鬥的一項事業，而是她們圓滿生活的一種補充或一種方式，也許正是這些相似，使父母兄弟、親朋好友及本人的生活成為她們共同的屢描不倦的人物和創作的源頭活水，在這方面，琦君比冰心走得更遠而極端。

　　有人曾說過，要接近詩，必須先接近詩人的人格。對於琦君這樣的作家，我卻覺得要先從認識女人及其代表──女作家開始。

　　琦君的創作與自己的距離實在太近了，從五十年代初起，她先後出版了近三十本散文集，寫的幾乎都是身邊瑣事，不是對過去生汇的回憶，就是由現在生活所生發的感想，甚至可以說，她的散文是她不按編年史順序寫的自傳。所以，不認識琦君不怕，只要讀琦君的散文就會瞭解這個人。琦君的散文是她性靈最直接的流露，是她人格最純真的表現。不過，要認識琦君散文的價值，就不得不陷入一個老生常談的對女作家寫身邊瑣事現象的評價問題。

　　琦君與冰心都曾被冠以「閨秀派」作家，不管在過去還是現在，不管在臺灣還是大陸，對她們以家庭瑣事為創作題材的寫法都頗有微詞，不過這種價值判斷似乎並不妨礙她們作品的流傳，在她們創作中所飽滿著洋溢著的愛心與溫情傾倒了代代的讀者。

　　也許，真的是一涉及到「女」字就無「理」可喻，而只能談些現象和感覺，女作家的寫身邊瑣事和切身經驗似乎也大可不必闡述為什麼該寫或為什麼不該寫的理論。琦君曾直言不諱地講：「我就只會寫自己」，〔註1〕「我是因為心裏有一份情緒在激蕩，不得不寫時才寫。每回我寫到我的父母家人與師友，我都禁不住熱淚盈眶。我忘不了他們對我的關愛，我也珍惜自己對他們的這一份情。像樹木花草似的，誰能沒有一個根呢？我常常想，我若能忘掉親人師友，忘掉童年，忘掉故鄉，我若能不再哭，不再笑，我寧願擱下筆，此生永不再寫，然而，這怎麼可能呢？」〔註2〕這大概就是像琦君這樣的女作家的創作因緣。她們的寫作，寫切身經驗，是順乎自然，隨其至情，出於本性；是生活被體驗為一種藝術，或是說，藝術被體驗為一種生活的結果；是「不求名利顯達的為藝術而藝術」。大概也正是這種從容不迫，無所掛礙的創作態度，使琦君這樣的閨秀派作家的寫作似乎成了一種「溫存的」，「漫無目的的閒散動作」，成了「靈性上的」一份「陶醉」。創作對於她們來說，是在工作中，也是在遊息中，在對生涯中的一花一木，一悲一喜的體味中和感謝中，正像琦君所崇尚的「坐在一口舊箱子上，什麼都不用力看，是藝術的最

───────────────

〔註1〕　琦君：《「有我」與「無我」》，見《青燈有味似兒時》（九歌出版社，1992年）第171頁。

〔註2〕　琦君：《留予他年說夢痕》，見《煙愁》（爾雅出版社，1987年，下同），第222頁。

高意境。」〔註3〕的確，琦君的散文是以閒適的心情寫的，我們也需懷著一份閒適的心情去領略和體味。這種閒適的情操需要以「清空」的生活態度和「沉著」的生活原則爲條件，以培養善感的「靈心」和仁慈的「善心」爲結果。

憑感覺來說，閨秀派作家似乎都女人味十足，但從理論上講，什麼是「女人味」，何謂「女人」，恐怕又是一個其說不一的難題，不過，在這點上，琦君又與冰心的見解相似。冰心在《關於女人》後記中曾以男士的口吻戲謔地說：上帝創造了女人「就是叫她來愛，來維持這個世界」。琦君則萬分正經地闡述女子具有「陰柔之美」，「更包含著永恒的，無邊無盡的愛與仁慈」。〔註4〕她還把文學分成柔性與剛性兩個方面，認爲剛性產生承先啓後的時代感與使命感，「柔性是愛國愛家、愛鄉土、愛大自然而至一花一木民胞物與的情懷，虔誠地創作出最具魅力、震撼人心的作品，以反映我民族的特性和不朽精神。」〔註5〕琦君意指的柔性當包括像她這樣的充滿愛的情懷，具有女性氣質的文學創作。琦君與冰心都認爲女性意味著愛，她們也通過自己的作品把這個「愛」字抒寫到了極致。

琦君與冰心都是從有名分的愛，也即親子之愛、兄弟姐妹之愛、夫妻之愛、師生朋友之愛寫起，而對無名分的威脅人倫秩序的戀人之愛絕少觸及，這大概也是人們說她們保守自恃，具有大家閨秀風範的原因之一。所不同的是冰心是以她的早慧和不願長大的女兒心態抒發著對母親、父親及家人的依戀和愛戴；而琦君當她開始投入創作時就已過而立之年，是以嘗過人生滋味，成熟的婦人心情去追念亡故的雙親，感懷師友的情意，因而比冰心更爲豐厚，更多知恩報恩的感受和體認，並且冰心善寫優美空靈的抒情文，對愛的歌頌往往直抒胸臆，而琦君則偏向於樸素溫厚記人記事的敘述文，愛的情愫蘊藉於形象的塑造和物態的描繪之中，所以讓人感覺琦君的散文有些小說化，而小說又有些散文化。

琦君在散文中注入小說的筆法，得益於我國敘事散文的經典之作《左傳》和《史記》。她曾一再闡明恩師夏承燾先生的觀點，認爲左丘明與司馬遷表面上是傳史實，骨子裏是寫小說，祇是因爲當時小說的地位低下，所以對這點

〔註3〕 琦君：《浮生半日閑》，見《琦君自選集》（黎明文化事業股份有限公司，1986年），第 128 頁。

〔註4〕 琦君：《歷代女性與文學》，見《讀書與生活》（東大圖書有限公司，1978年，下同），第 12 頁。

〔註5〕 琦君：《剛與柔》，見《玻璃筆》（九歌出版社，1986年），第 163 頁。

不敢直言和強調。這種體認和領悟使琦君爲自己敘事散文的創作找到了深厚的根基和寬廣的天地。她揣摩到《左傳》和《史記》是「以眞實的歷史故事爲骨幹，再加上詳細生動的描寫」，〔註6〕這種方法也成爲琦君敘事散文的一大特點，她是以自己童年的經歷和故事爲骨幹，再加上詳細生動的描寫，從而她的散文飽滿充實而情趣盎然。

琦君散文中最優秀的部分是那些憶舊懷人的作品，她彷彿要給自己的家族做傳一樣，雖不是頭尾有序、長篇巨製，但她適應散文文體採取的「化整爲零」的手法，同樣收到了「化零爲整」的效果，這也是《史記》中人物傳記的特點之一。盡力避免一般的梗概式地敘述，抓住某次經歷某一事件層層鋪開，具體細緻地描寫人物的活動，使人物性格突出，人物是靠「點」而不是「線」來支撐的，每篇只突出人物的一兩個側面，同一人物又散見於不同之處，從而構成一個大的整體中的內在聯繫。如同是寫母親，《毛衣》著重寫母親對女兒的「天高地厚」的關愛；《髻》突出了母親受到父親冷落後的自甘淡泊、隱忍和自尊；《母親新婚時》透露母親對父親的深埋於心的愛；《衣不如故》寫其節儉；《媽媽的手》寫其操勞；《南海慈航》寫其虔誠信佛等等，甚至在著重寫他人的作品中也不忘勾畫母親一筆。琦君對母親的描寫，從點點滴滴的瑣事細節入手，又分散於不同的篇章之中，但只要全部讀罷琦君的散文，一個勤勞、節儉、寬容、慈愛的母親形象就會栩栩如生地樹立在讀者的面前。母親不僅是琦君愛的情愫的寄託，也是琦君宣揚愛的眞理的載體。另外，支撐著琦君散文世界的其他幾個主要人物，如父親、外祖父、哥哥、老師、長工等的塑造也都是如此，通過他們的言行，一舉一動宣揚著「世界上只有一個眞理就是『愛』的福音」。

臺灣著名作家白先勇曾經說過：「一個作家，一輩子寫了許多書，其實也只在重複自己的兩三句話，如果能以各種角度、不同的技巧，把這兩三句話說好，那就沒白寫了。」〔註7〕琦君更爲單純，她的創作可用一個字概括，就是「愛」。能把這樣單一的主題，寫得讓人不覺重複而厭煩，並能時時感動溫暖著讀者的心，這不僅由於琦君能把「愛」寫在不同的人物；即使同一人物，又是不同的事件；即使同一事件，又是不同的側面之上，還由於在她的散文

〔註6〕　程榕寧：《潘琦君教授談讀書與寫作》，見隱地編《琦君的世界》（爾雅出版社，1985年，下同）第91頁。
〔註7〕　轉引自隱地：《讀〈紅紗燈〉》，見《琦君的世界》第136頁。

中所呈現出的一個溫柔端厚，對人對一切生命都悲憫博愛，「不著一分憎恨」
的敘述者，也即作者的形象。

琦君從母親那兒耳濡目染，秉承了佛家的圓通廣大，慈悲為懷的訓誡；
從恩師那兒學到了「以微笑之智慧，面對煩惱，磨刮出心靈之光輝」的教誨，
從基督教教會學校裏接受了「愛」的洗禮，並成為「愛」的福音的傳播者。

琦君與冰心的愛都是超功利、超階級、超國家，廣施至一切生命的「博愛」，
並把「愛」置於高過一切的位置，她們甚至想以愛來感化社會。冰心以母愛建
立起人類應該充滿愛的根據，說「世界上的母親和母親都是好朋友，世界上的
兒子和兒子也都是好朋友，都是互相牽連，不是互相遺棄的。」〔註8〕琦君更
默禱「人類能儘量發揮仁慈的本性，愛惜到最最細小的生命」，希望能以此偉大
博愛的精神，避免社會上的殘殺案件和殘酷的戰爭。〔註9〕冰心曾因猝不及防
親眼看見一隻小老鼠被狗吃掉，傷心至落淚自責，懺悔不已；琦君則更進一步
為經常光顧她家的一隻小老鼠留飯，終至以鼠為友，和睦相處，臨搬家時，還
要為它日後的生計暗生焦慮，這些護生散文是琦君散文中感人至深的部分。冰
心與琦君對人見人厭的過街老鼠尚存如此溫情，何言其他呢？她們的愛能夠遍
佈大千世界的萬事萬物，能夠沈潛到宇宙最本質的生命本身，她們播下了無數
愛的種籽，引領著我們去從容不迫地領受和體味世間一切的美。的確，人們可
以從功利的角度去批評和嘲笑她們的空虛、幼稚，但我們也不妨聽聽像她們這
類作家的創作信念：「我自笑把人生美化得離了譜。但我深感這個世界的暴戾已
經夠多，為什麼不透過文學多多渲染祥和美好的一面，以作彌補呢。」〔註10〕

琦君與冰心的散文世界都可稱得上是愛的世界，理想的世界，她們的童
年生活都為營造這樣一個世界提供了泉源和素材，但與冰心相比，琦君的童
年並非那麼完滿。她生活在一夫多妻的舊式家庭之中，父親自娶了「嫋嫋婷
婷」的二媽後，完全把琦君的生母拋在一邊。母親的終日操勞，暗自垂淚；
二媽的頤指氣使，占盡風頭都給琦君的童年帶來了一層陰影。這樣的經歷本
來是最容易給人帶來傷害和怨恨，也是閨秀派作家源遠流長的「婦怨」的好
題材，但琦君的創作不是發泄，也並未迴避這些陰影，而是以敘述母親的一
顆無爭、無怨、無尤的佛心，能夠承當人生的風風雨雨，包容一切怨恨拂逆

〔註8〕 冰心：《超人》。
〔註9〕 琦君：《小金魚與鴨子》，見《煙愁》，第152頁。
〔註10〕 琦君：《細說從頭》，見《錢塘江畔》（爾雅出版社，1987年）第5頁。

的胸懷；緬懷母親對父親的不計回報，「傾全生命」的愛；抒發自己對父親的懷念和愛戴以及對二媽的體諒和寬宥，化解了這些陰影，讓愛的情懷戰勝了人間的不平和恩怨。

在某種程度上說，琦君也是很不幸的。她十一歲時，從小的玩伴哥哥去世，十年後領養的弟弟病故，緊接著父母又相繼故去。這些不測本來最容易使人悲天憫人，感傷自憐，也是中國文人源遠流長的「感時傷事」的好題材，但琦君的創作並未流於悲痛，也並未迴避這些人生中的暗淡和憂傷，而是以自己內心所保留的對哥哥對父母的無盡的思念，寫出的偉大母親的不朽形象，抒發的自己所永遠擁有的母親的愛，掃除了孤寂的人生之旅的清冷與無奈，讓不朽的永恒的愛超越了人類的生死界限。所以儘管有人說琦君屬閨秀派，但也不乏有人贊琦君「豪邁有丈夫氣」。

正因為琦君能體認「人世間多少事不能如我們的心願」，「人渺小無能」，所以她記著散播著「世界上只有一個真理就是『愛』的真理」，勉勵自己和大家「背著生命的包袱向前走，不要怨望，不要彷徨」，〔註 11〕她從母親的為人處事和自己的切身經驗中更體會到「愛』是『施與』、『包容』，不是承受」。」〔註 12〕

琦君的散文世界是愛的理想的世界，並不是說她的生活所遇沒有憂愁、痛苦和醜惡，正是這些憂愁、痛苦和醜惡為她的散文更磨刮出了一種溫厚寬廣的風範。應該承認，琦君是有怨艾的，面對使母親一生鬱鬱不樂的人，作為一個善體親心的女兒怎能無動於衷？但琦君的怨艾是包容的溫厚的，不著一分憎恨；也應該承認，琦君的散文世界是瑣細的，但她從瑣細中昇華出的境界是寬廣的，顯露出的心靈是崇高的。

冰心和琦君都曾被評論說是文章中較多具備中國傳統情韻和風味的作家。那麼，什麼是中國的傳統情韻和風味呢？在這方面，琦君有一個特別站在女性立場的見解。她研究了中國文學和歷代女性文學之後說：「中國文學是傾向於蘊藉婉約的，所謂不失其溫柔端厚之旨。而蘊藉婉約、溫柔端厚的作品，由女性自己來著筆，自更顯得出色當行。」〔註 13〕琦君與冰心的散文都可以說是這種風範的至文，在這方面更顯得是出色當行。她們寫的不僅題材

〔註 11〕 琦君：《聖誕夜》，見《琴心》（爾雅出版社，1987 年），第 25 頁。
〔註 12〕 琦君：《病中致兒書》，見《與我同車》（九歌出版社，1987 年），第 44 頁。
〔註 13〕 琦君：《歷代女性與文學》，見《讀書與生活》，第 21 頁。

本身即帶有溫柔的性質，她們對社會萬事萬物「流不盡的菩薩泉」，又給溫柔的題材蒙上了一層溫柔的色彩。在創作中，她們的用字都含蓄蘊藉，餘味無窮。冰心追求「欲語又停留」的效果，琦君向往「不著一字，盡得風流」的境界，都秉承了中國古典詩詞所特有的蘊藉婉約的風格。可以套用郁達夫在《中國新文學大系·散文二集·導言》有關冰心的一段話來說，讀了冰心和琦君女士的作品，「就能夠瞭解中國一切歷史上的才女的心情；意在言外，文必已出，哀而不傷，動中法度，是女士的生平，亦即是女士的文章之極致。」

冰心和琦君對於現代女性來說，又可說是一個謎。她們不僅有著讓人企羨的事業上的成功，又有著讓人企羨的家庭生活的幸福和圓滿；她們既是自主而獨立的女性，又能善為人女、人妻、人母。現代女性所普遍存在的事業與家庭，「做人」與「做女人」之間的矛盾和困境，在她們身上似乎並不存在，至少沒有達到勢不兩立的緊張程度。她們所追求的是兩者間的和諧和一致，是對女人在傳統與現代兩個價值體系中所扮演的不同角色的雙重體認和承擔。她們既欽敬婦女解放，也欣賞賢妻良母，冰心曾說「看到或聽到『打倒賢妻良母』口號時，我總覺得有點逆耳刺眼」。〔註14〕琦君則更明確地表示「高水準的智識婦女，也已領悟到爭取女權的正確途徑，不是偏激的言行，而是沉潛的自我能力表現和對女性基本職責的認識。」〔註15〕她們不僅從認識上，也從實踐上統一了事業與家庭，做人與做女人之間的矛盾。也許，正因為她們對賢妻良母的欣賞，對女人社會職責的體認，使她們對中國傳統文化中「婦德」的價值觀念，有了較多的認同。

不過，也許需要辨析的是，她們的認同不是認同女人在歷史上非人的受奴役的地位，而是試圖以愛重新解釋和規定女性的職責。自古以來，《禮記》為女人下的定義即是「婦人，從人者也，幼從父兄，嫁從夫，夫死從子」。冰心和琦君則以愛的精神重新調整人倫關係，使之成為女人的靈魂。女性意味著愛。為女兒愛父母兄弟，為妻愛夫婿，為母愛子女，這個「愛」對「從」的改變，或說是取代，儘管是一字之差，但它從文化觀念上改變了女性在家庭中的位置，因為「愛」人者是施與者，是主體，而「從」人者則是受制者，是客體。

〔註14〕轉引自范伯群、曾華鵬《論冰心的創作》，見《冰心研究資料》，（北京出版社，1984年），第 264 頁
〔註15〕琦君：《美國中年婦女看「婦運」》，見《千里懷人月在峰》（爾雅出版社，1987年），第 90 頁

自「五四」以來，中國現代女性試圖以一系列的否定來肯定自身，認爲女人「不是玩物」，不是「傳宗接代的工具」，「不是花瓶」，表現了逃離家庭的傾向，也承擔了逃離家庭後的失落和痛苦。冰心和琦君都經過現代思潮的洗禮，不過，她們似乎更以肯定的方式來肯定自身。不管她們所信奉的「愛」字是否能夠改變女人的位置，也不論這兩種方式，哪一種對女人更有價值，但無疑這種精神上的和諧是她們創造自己的人生和作品的內在依據和驅力。

琦君這個名字對於大陸的讀者來說，還是陌生的，但在臺灣她是五十年代以來馳騁文壇，成就顯赫，與林海音、張秀亞、柏楊齊名的著名散文家，也是海外知名的臺灣女作家。

不知道琦君不要緊，相信只要你喜歡冰心就一定會喜歡琦君。

以「紅紗燈」來表徵琦君的散文，不僅意象美，而且有著照亮黑暗，慶典喜事的能指，它即使亮在冰天雪地之中，也會爲冰雪塗上一層暖色；即使把它掛在兵荒馬亂之時，也會爲動盪帶來一份祥和的氣息。它是人類永存不泯的追求善與美的象徵，它散發著悠久悠閒的古韻，還有思舊的情調，這些品質不正與琦君的散文世界有著一種精神上的契合嗎？

原載《香港作家》，1994 年 1 月，第 40 期。又爲筆者編《臺灣當代著名作家代表作大系·紅紗燈》序，長江文藝出版社，1993 年

命運的連環套
——徐訏的《江湖行》

　　徐訏早在三十年代就蜚聲上海，至四十年代已成為名滿全國的大作家。一九五○年定居香港後仍筆耕不輟，在他近半個世紀的創作生涯中留下來總計五百萬字之多的小說作品，無論從小說的數量或是質量方面來說，都可算是中國現代文學史上的一位重要作家。

　　《江湖行》這部洋洋灑灑六十餘萬字的巨著不僅代表了他後期創作的成就，也是他傾其畢生的人生經驗、感受和認識寫成的，寄託了作者的最大心力。《江湖行》與作者的其他作品一樣，充滿了傳奇色彩，它所描寫的人物有江湖藝人、歌影紅星、僧人尼姑、海盜小偷、土匪走私販……所涉及的內容有演戲、賣唱、盜竊、販毒、綁票、流浪、行騙、賣淫，以至跳舞、賭錢、吸毒……其背景從小城的樸實與山川泉石的清新到大都市的豪華與笙歌飲宴，從土匪營到江西蘇區，從淪陷區到大後方；其情節以主人公的生活為線索，以他與四位女子的多角戀愛和兩位女子的友情為主要糾葛，同時又左嵌右掇地分頭描寫著她們各自的命運。這些奇人、奇情、奇事為這部巨著塗上了一層眩人眼目、奇幻虛渺的色彩。但小說的這種傳奇性衹是骨肉，而非精髓。作者編寫的傳奇故事是他的寄託之物，而非物之所寄。作者的真正用意不在「奇」，而在「常」。他要通過似乎是偶然性造成的傳奇來表現一切都是預先安排好了的必然性所決定的命運；通過特殊的人生來表現可以概括一切特殊的一般性的人生哲理。小說所描寫的飄忽不定、大起大落的愛情、名利和權勢，偶然得致於虛幻，所塑造的形形色色、光怪陸離的人物，特殊得致

於傳奇，但這種走到極端的偶然和特殊又都離不開前定，擺脫不了命運的撥弄。它告訴人們：該得到的總要得到，該失去的總要失去。而得失又總是相對的，不過是在某一時空交遇中所出現的幻象而已，環境改變著一切自會改觀，人間沒有不謝的花，沒有不凋的草，沒有不散的筵席，沒有不變的愛情。一切已失的無法重獲，再得的決不是已失的。這樣，偶然和必然、特殊和一般、得與失在小說中雖以極端的形式表現出來，但最終又歸於「一」，歸於「同」，其間沒有分界和差別。整部小說似乎都在冥冥中的命運的圓環中繞來繞去，而這種轉不出的連環套也正是這部小說的內在結構。

小說主人公不斷在追求他所沒有的，已失去的，但得到的又總是他所不要的，加多了一個已失的；他又不斷放棄已得到的，但放棄的又總是他所要的，這樣又加多了一個得不到的。他的心靈永遠處於不安之中，正是這不安在他人生中掀起了一環接一環的生命的波瀾。但不管怎樣，他都在「無」之中，最終他看透人生，徹底走上「無」之路，削髮為僧，要在望月菴寫一部書。這樣，這部小說就像一條長蛇首尾相銜，又繞成了一個巨大的圓環，因為他的人生就是他要寫的小說，他的小說就是他已經歷的人生。

徐訏一向把文學看作是「一種以文字媒介表現作者對於人生的感受的一種藝術」，他在寫作《江湖行》時，已過不惑之年，相信自己已把人生看透，他正是通過《江湖行》表現自己「對於人生的感受」、總結和參悟，他對人生的哲學思辨，使這部小說成為文學和哲學的結晶。徐訏曾經說過，「一個一生只從事於寫作的作家，他的生命與作品就成為無法分割的東西，我的作品有多少成就是另一個問題，其足以代表我的一個誠實淡泊勤勞的生命則是實在的」，這個「誠實淡泊勤勞」的生命正是這部小說的靈魂。

原載《香港筆會》，1996 年第 3 期

「窮巷」的讚歌
──侶倫的《窮巷》

　　《窮巷》是侶倫的代表作，也是四五十年代香港文學的拓荒性作品和奠基之作。小說背景是戰後的香港，表現了由戰爭轉向和平建設時期的社會、人物、生活與意識形態。反映了人們了結戰爭的創傷，邁向新生活的艱辛、挫折和激情，他們的際遇、掙扎和希望。

　　《窮巷》描寫的是最窮困最底層的人民，這些「在戰爭中獻出良心也獻出一切卻光著身子復員的人，一直是光著身子」，社會沒有因為他們的付出而格外加以賞賜。莫輪在戰爭中致殘，戰後還要拖著殘腿在大街小巷收破爛，以維持自己最起碼的生活；曾穿梭於硝煙彌漫的戰場，為戰爭吶喊的高懷，戰後靠筆卻糊不了口；杜全在戰爭中出生入死，戰後卻連工作也找不上。相同的命運把他們聯繫在一起，他們沒有怨天尤人，為了對付「窮困」，改變生活，在窮巷又展開了一場人生的新戰鬥。

　　無疑在客觀上，他們都是戰敗者，小說從始至終圍繞著欠租還租的基本線索而展開，他們幾個窮漢掙扎奮鬥的結果是被包租婆趕了出去，無立錐之地。杜全甚至因不能忍受失戀、失業以及別人對他的侮辱而自殺身亡。但在精神上，他們是勝利者，是擁有著最多的人情、友誼和良心的巨人。杜全是為了能讓莫輪報仇而自願認罪的，即使最後自殺，他也認定「朋友們：我們是有前途的！」他的死不是因為不能戰勝外界，而是不能戰勝自己。小說結尾正處於幾個主人公被逼到絕處，但對於每個人來說，又是一次新的開端，是了結宿怨舊帳，認準了自己的生活目標必然會出現的一次絕路逢生。所以

儘管小說結束在悲劇上，卻充滿希望和信心。與今天的香港文學恰成對比，《窮巷》不是揭示生活的富裕，精神的貧乏和空虛；而是相反，展示生活的窮困，精神上的富裕和充實。它非常典型地反應了四五十年代香港的意識形態，表現了「向前頭去吧」，「我們是有前途的」這一樂觀心態。

《窮巷》最初於一九四八年在夏衍主編的《華商報》副刊《熱風》上連載，也許由於小說連載形式與「預知後事如何，且聽下回分解」的說書在某方面有相像之處，《窮巷》的形式接近章回小說，內容安排很清楚地分出章節段落，每章還冠有小標題，而且在每個人物出場時都先有一個簡單的介紹，這些都說明這部長篇小說的形式是很傳統的。《窮巷》作為侶倫創作後期的作品，反映了他對社會題材的關注，視野的擴大和小說創作技巧的圓熟。特別在結構上，故事的發展始終圍繞著償還欠租與追索欠租的矛盾，以此把小說的幾個主人公的命運聯繫在一起，主線單純而集中。支線又錯綜複雜，每個人都有自己的奇遇和奇禍。奇中見巧，又合情合理，一環扣一環，推向高潮。

人物有神秘感是侶倫創作的一大特點，在這部長篇小說中主要表現在白玫身上。小說開端即寫到白玫在深夜的海邊自殺獲救，從而引起讀者對她的來龍去脈的興趣。但作者採取了懸置的技巧，一直讓白玫把自己的身世隱而不露，又讓她與高懷出外購物時突然失蹤，到最後揭開白玫的身世時，小說已接近結尾了，這個人物在讀者心中布滿疑團，使神秘的色彩貫穿始終。總的來說，在人物的塑造上，這部小說也是比較傳統的，作者基本採用的是一種外部行為的描寫方法，小說代表了四十年代末香港社會寫實小說達到的水平。

原載《香港文學》1992 年 1 月，第 85 期

鯉魚門的太陽
——舒巷城的《太陽下山了》

　　舒巷城是一位知名的香港鄉土文學的代表作家之一，《太陽下山了》即代表了他在這方面的成就和風格。小說以四五十年代的香港爲背景，書中所描寫的鯉魚門內的筲箕灣、空曠的沙地、「少林廣」的賣藝、說書，還有引人垂涎的大牌檔，都是作者的童年給他留下美好回憶的景物。他通過孩子們的嘴深情地唱道：「鯉魚門的太陽是全香港最大最美的太陽」，「鯉魚門的月亮是全香港最大最美的月亮」，抒發了作者對生於斯，長於斯，使他一輩子受用不盡的故鄉最深摯的感情。

　　在這部作品裏，作者描繪的是下層社會：說書人、工人、賭徒、貧民區的孩子等等，寫的是人間的哀愁，如莫基仔餓得偷人月餅，最後因無錢醫病而喪命；林江被人罵爲「油瓶仔」，可實際上連油瓶仔都不如，他根本不知道自己的父母是誰；他的後爹林成富因生意失敗，好賭成性，最終醉酒而死於車輪下。面對這樣的人物和題材，最直接的反應一般是沉痛、悲憤、控訴之類的激烈情感，但作者卻從一個孩子的視角，從「永遠發現新的東西，發現可愛的東西」這一孩子們的心靈出發，把悲苦和辛酸淹沒在深摯溫暖的人情之中，淹沒在成長和希望的光明之中。在這裡，孩子的視角與作者本人對童年和故土的美好回憶十分融洽地糅合到了一起，孩子的眼睛正是作者籠罩全文的追懷的光暈。

　　小說中洋溢的戀鄉的深厚感情又是與濃鬱的地方色彩相映生輝的。生腩粉檔、艇仔粥檔、咖啡紅茶檔……把這些專賣食品的大牌檔稍加點染，一個

熙攘、吵鬧、繁忙的香港就會出現在人們眼前。還有張七皮開的講古檔，少林廣的賣武檔，專寫書信、招牌字的街檔，加上發黴的「白鴿籠」，「油漆未脫」的番工衫共同構成了香港特有的景物。銀寶、月餅、蠟燭、月光衣紙、紙紮的魚燈，還有孩子們為強迫店東饋送給他們蠟燭而調皮地唱的兒歌：「鯉魚一動，事頭要把蠟燭送，若然不送，罰你一世窮」，烘托出中秋節晚上拜月的熱鬧場面，形成了一組組的風情民俗的圖畫，使小說通篇洋溢著一種理想化的單純的美感。

林江是善與希望的象徵。他雖然是個孩子，也從不坐張七皮的破席，但他聽完說書，仍「把袋裏僅有的一毫子輕輕放進罐子裏」。當他得知莫基仔去世後，就把過年得到的三塊「利是」錢送給了莫基仔的弟弟妹妹。當母親把他的身世告訴他後，他懂事地回答「我怎樣也不會離開你和小松。……媽，只有你才是我真正的母親！」林江的善並不使他喪失童真，他和別人打架弄髒了衣服，害怕回家挨媽媽的罵，就把弟弟也捲入戰爭。還有他對張先生的記仇，以及後來耐不住好奇心，偷偷觀察張先生，都反映了孩子特有的心理。林江如饑似渴地讀書，默默地觀察成人的世界，在心內暗暗確定自己未來的位置，立下「拼命工作，拼命學寫稿」的志向，他的早熟和成長預示著一個充滿生機和希望的未來。作者對故鄉和童年的眷戀與熱愛使小說通篇洋溢著一種理想化的單純的美感。

《太陽下山了》在語言上也很有特點，小說儘管寫的是俗人俗事，但作者的描寫文字很文雅，充滿詩情畫意的韻味。

原載《香港文學》1992 年 1 月，第 85 期

因癡情而絕望
——劉以鬯的《酒徒》

　　《酒徒》被評論界譽為「中國首部意識流長篇小說」，儘管作者對此提法「很感不安」，但他的確以一種實驗精神和創新意圖創造了「一種現代中國作品中還沒有人嘗試的形式」，成功地吸收和借鑒了西方意識流小說的技巧和方法。

　　《酒徒》並不是通篇都以小說主人公的意識作為基本題材的小說，作者還讓他在一個外部世界和外部衝突中活動，具有一定的情節性。從這點上說，《酒徒》是傳統小說和意識流小說的混合物。

　　《酒徒》的外部結構以主人公的醉與醒，醒與醉；從現實到夢幻，再從夢幻到現實的一種循環形式進行，從而把小說分成了兩部分。一是主人公在「醒」時與外部世界的關係，構成了小說中寫實的情節。其間還大量穿插了主人公對現實世界，尤其是對文學的所感、所想和所思，為了明確顯示這部分內容的心理活動和主觀思維性質，作者以括弧為記。主人公的這些神思玄想有的甚至可以當作相對獨立的短文來讀，集中了作者零散的真知灼見；二是主人公在醉酒後的幻覺和幻象。它們在切割、時空交錯、自由聯想中紛至遝來，意識被打成碎片，在意象和意象之間、思想和思想之間、事件和事件之間往往不能直接找到符合情理的聯繫。這種無條理性和不連貫性正是意識流小說為逼真反映意識的隱秘特性所刻意追求的效果。但《酒徒》作者不能徹底接受「非邏輯」，因而，他非常巧妙地為他所描寫的「非邏輯意象」找到了合邏輯的依據。所以粗心的讀者也不一定會為這種缺乏聯繫而喪失閱讀興

趣，因爲這與醉酒的胡思亂想很合邏輯；而細心的讀者又可在主人公的醒與醉之間，根據他的身分、情緒，把懸置和打亂的內容再重新聯繫起來，從中提取出某種意義。爲了表現這部分如萬花筒似的繽紛幻覺和幻象，發泄如火山爆發般的激烈情緒，作者相應採用了跳躍性的和抒發性的詩的語言和詩的形式，所以，《酒徒》也可以說是詩和小說的混合物。

從這部小說的內在結構來看，小說主人公與麥荷門、莫雨；與張麗麗、楊露等的關係，恰恰構成了主人公在愛情和事業這兩方面的人生大事；而他們之間的關係本身也正是現代社會和人的具體體現。他們之間的所有矛盾糾葛一次比一次沉重地把小說主人公推向絕望，可以說，小說中的所有人物和線索最後都指向一個絕境，小說將近結尾部分出現的雷老太太正是這個絕境的象徵。雷老太太的自殺可以有兩種解釋：或許是因爲酒徒殘酷地打破了她把酒徒錯當作自己兒子的幻覺，使她沒有勇氣再活下去；或是她正爲這個幻覺所害，正像她臨死前所說，她生了個逆子，沒有理由再活下去。不管爲何，任何一方的絕望都把她置於絕地。雷老太太這一形象對全書既是概括，也是昇華，她有力地把小說的意義擡高到一個嶄新的形而上的境界。她把酒徒錯當作自己去世的兒子的行爲特徵，與酒徒本人內心中癡戀在商業社會中死去的文學事業和神聖的愛情具有著某種共同性；而她最後的絕望心境也正是酒徒或爲承認了文學和愛情已經死去的這一殘酷事實而絕望；或爲拒絕承認這一事實，而對其現狀痛心疾首的精神體驗。《酒徒》從裏到外全面展示了主人公對社會、對人類、對人生，甚至是對自己的絕望，他雖不滿一切，但無力抗爭，只能以醉酒來逃避和麻醉自己對眞相的瞭解，對現實世界的意識。但醉後總有醒時，要完全做到這一點，就只有死亡。

《酒徒》所創造的這個絕望的世界，反映了在商業社會中，人的精神意義的崩潰，面對這個不可挽回也無法重建的價值體系的崩潰，人在內心中所普遍感受到的迷惘、矛盾和混亂，痛苦、煎熬和危機。作者於小說中所表現出的敢於絕望的勇氣、從精神上貼近了西方現代主義對人類生存困境的認識。

原載《香港文學》1992 年 1 月，第 85 期

輪迴的血脈　親情的根
——海辛的《塘西三代名花》

　　這是一部以 30、40、50 年代的有名香港歡場塘西做背景，以妓女、交際花、紅歌伶、現代歌影視紅星，這四代名花的身世愛情為題材的小說。儘管妓女和歌女都為世俗所不恥，但自古以來卻是文人騷客所熱衷歌詠描寫的對象。白居易的《琵琶行》、「三言」中的《杜十娘怒沉百寶箱》、孔尚任的《桃花扇》，似乎已成為這類題材的主題模式，歷代文人騷客不是以妓女或歌女的身世際遇感懷人生的沉浮和虛幻，人世的惡毒和勢利，就是把她們引為紅顏知己，或在她們身上寄託民族氣節愛國情操。

　　顯然這些弱女子在文人的筆下恰與她們真實的社會地位形成對比，形象一般都是光輝動人的。《塘西三代名花》無疑全面承襲了這些模式，是此類題材和主題的一次集大成，在花如錦、花影湘、白潔英、鍾月湘身上，都可以找到她們母題類型的影子。但顯然，這部小說並不以塑造這些形象為己任，而重在她們之間的關係。寫四代歡場或娛樂場中的名花無疑是縱的排列組合，這種結構方式很適於表現「嬗變」一類的廣闊主題，但這部小說雖寫到了社會、時代、人及其觀念的嬗變，這又不是這部作品給人留下最深刻的印象之處。小說涉及的四代名花，實際上最主要的是有著血緣關係的花影湘、白潔英、鍾月湘和幸霞，這三代名花顯然在不斷重複，輪迴表現著一種不變的東西：她們之間承繼著的不變的歌唱、繪畫的才能，她們對自己身世、故鄉的不變的執著與追求，她們在血脈中流淌的斬不斷的不變的血緣聯繫。特別是月湘和幸霞，在毫無記憶的情況下，能突然唱出自己祖上曾經唱過的歌

曲，繪出自己祖上曾經住過的園樓，這樣的不可思議的奇事更強調和增添了血脈和遺傳的永恒不變的神力和神秘。儘管世事變遷，人世滄桑，時光荏苒，儘管名花家族飄落四方，遐無聲息，但一條神秘的血脈在冥冥中把她們重新聚到一起，這就是綿延不斷的根，流散不失的根，千古不變的根的力量。

塘西名花的後代對自己根的不捨追尋和探求，是傳統血脈中的仰祖之親情，也正是小說的最動人之處，它能喚起隱藏在人類心靈天性最深處的柔情。作者立意寫一部反映塘西的前前後後和一切變易的想法早已有之，他十二三歲從故鄉中山逃難到香港就住在塘西，親眼目睹了夜夜歡宴，夜夜笙歌，夜夜舞影的香港歡場的燦爛和煊赫，親耳聆聽了歡場中的風流韻事，以及毀滅性的煤氣爆炸的大災難。這些過去的往事和記憶使他經常流連徘徊在現今已面目全非的塘西，以至「每次經過塘西，就像欠它一份債似的」。猜想作者拖拖拉拉，遲遲不動筆的原因，很可能是未找到切入的角度和組織材料的線索。現在《塘西三代名花》從親情的角度，以幸霞到香港窮追花影湘，也即自己祖母的生活源流為線索，組織起發生在塘西的人人事事，其間流露出的對親情的崇拜和渴求，對「根」的執著和深戀，與作者當年到香港渴望去找尋在他還未面世時，即已遠赴智利謀生的爸爸這種情感有著類似的經驗和內在的聯繫。可以說，是對他從未見過父親這一人生欠缺的補償。聯繫花影湘的故鄉也即作者的故鄉──中山這一細節來看，其間也寄託著作者對大陸故土的眷戀。小說表現的「親情」是作者本人深積固結的情感的一次大爆發，因而成為這部作品最牽動人心之處，是這部作品的結構線索中心。

《塘西三代名花》，以現在時呈現的是 80 年代末的現代歌影視藝人，而過去的歡場名花生涯是以追述的方式不斷補寫出來的。一般來說，這種方式不利於形象的塑造，易於讓人感到冗長單凋，但作者很好地採用了懸疑的技巧，使月湘和幸霞是否是孿生姐妹的疑問從始至終抓住讀者的好奇心，在這一條窮追身世的線索上交織了三代人的生涯命運，表現了作者傑出的敘述才能。

原收入《當代中國文學名作鑒賞辭典》，遼寧人民出版社，1992 年

前世與今生的互審
——李碧華的《胭脂扣》

　　《胭脂扣》講述的是一個十分荒誕的故事：一個在 1932 年殉情的妓女，獲得陰間的批准，重返陽間找尋她的舊情人。期限七天。這個荒誕的故事當然不是作者的用意所在，作者是想通過一個 30 年代的妓女的前塵生活，及在旅歷途中的所見、所聞和所為抨擊香港社會的各個方面，借助一個妓女的眼睛揭露人間的墮落、猥瑣和灰暗。

　　這也許是最具有諷刺效果的佈局：讓一個過去為人類所不恥的風塵女子來批判今日人間的墮落和寡廉鮮恥。書中寫道，香港戲院貼出的類似春宮的劇照會讓一個 30 年代的妓女十分詫異，放映的同性戀鏡頭竟使這個紅牌阿姑羞得低下了頭。因而，作品的另一個主人公袁永定會猛然反省道：「如今連一個淑女也要比她開放。」再比如，如花在陽間尋找十二少的唯一線索是三八七七，為了查找與這個數位有關的材料，她翻閱了出世紙、死亡證、身份證、回港證、護照、稅單、信用咭、提款咭、良民證……由此，袁永定認識到現代人已變成了一串串的數位。「沒有感覺，不懂得感動，活得四面楚歌，三面受敵，七上八落九死一生。」這種生命力的枯竭、乾癟與程式化的狀態正與如花豐富的前塵形成了鮮明對照。

　　《胭脂扣》講述的也是一個老而又老的愛情故事：如花在倚紅樓與十二少一見鍾情，男歡女悅，終因家人反對，不能花好月圓，最後十二少變心，如花定下了殉情之計。所不同的是作者在刻意摹寫這個古老的愛情模式時，把結局稍加變化，未讓二人都為殉情而死，而讓十二少臨到關頭怕死求生，

未吃下殉情的鴉片，仍然苟活人間。而如花的殉情也不是那麼純粹，她要把十二少據為己有的心理使她暗為十二少備下了足以致死的安眠藥。結局的這一微妙變化使如花的慷慨殉情變得陰險、荒謬而毫無意義，一齣流芳萬古的梁祝化蝶的愛情悲劇讓他們二人唱得令人啼笑皆非，作者以現代人的觀點宣佈了人間愛情神話的死亡。通過這種破壞性的滑稽模倣方式，將新的主題用舊的故事形態很巧妙地表現出來。從這方面看，這部小說對中國傳統文學中所歌頌的愛情價值也重新進行了評判，成為了鏡子的鏡子，可見《胭脂扣》的主題結構是非常豐富而多重的。

小說儘管採用的是第一人稱的敘述角度，但事實上存在著兩個敘事者。如花對自己身世的講述，展現了 30 年代的愛情生活，從而為小說的真正敘事者提供了可資比較的參照。小說中承擔「我」的敘事功能者是如花在陽間所求助的對象——袁永定，他所具有的多重身分：既是敘述者、旁觀者，也是小說中的人物角色；既是批判者，也是被批判者，在一定程度上，減弱了第一人稱視角所特有的限制性和固定性。作為小說中的人物角色，他與女友阿楚正在進行著的枯燥而實際的戀愛正與如花和十二少的浪漫愛情方式形成對比；而他對如花潛意識中的心猿意馬也在如花講究禮儀、溫文爾雅姿態的對照下更顯得猥褻不堪。但這種被批判的位置並不妨礙他作為一個批判者，他善於察顏觀色，好解人意，敏於捫心反省的特徵都使他很好地完成了這一功能，為現代社會引入了一個新的目光，使讀者一下子擺脫已經習以為常了的世界，突然面對一個完全不同的、令人不安的觀點。而且，也正是這位被批判者揭露了如花與十二少殉情的真相，在貌似美麗的愛情神話中展示出人性的偉大與渺小的全部真實，使讀者如雷轟頂，驟然驚醒，反省人類的自欺和欺人。

可見，《胭脂扣》的結構是非常巧妙的，讓一個 30 年代的舊人與今人相遇，以兩套價值觀相互權衡，相互揭露，結果使兩種人生狀態都受到了嘲弄。小說的意義不是建立在一個固定的價值觀念的參照下，而是基於作者對人類的悲劇性和不完善性的洞見和認識。

原收入《當代中國文學名作鑒賞辭典》，遼寧人民出版社，1992 年

別無選擇
——亦舒的《獨身女人》

　　亦舒在香港是位受人喜愛，尤其是得到女讀者青睞的作家，她的作品雖流行但不低俗，重情節而不唯情節，於跌宕起伏、扣人心弦的故事發展中呈現人物的個性，表露自己獨特的愛情觀和人生觀，《獨身女人》就是一部能夠較集中地反映出她創作風格的作品。

　　小說女主人公林展翹是個獨立的知識女性，雖然年齡已大，圍著她轉的男人也不少，但她沒有一個男朋友。她厭惡陪女士出去吃飯，還要讓女人掏飯錢的吝嗇鬼，不耐煩俯首貼耳老實本分的麵粉團，也瞧不起有婦之夫的男人在外面拈花惹草，她理想中的愛人起碼要比她強，不能嫁過去還得她貼精神貼力氣又得貼薪水，她不能忍受一輩子住二房一廳，煮一輩子飯的生活。她擇偶的條件可以說雖不是唯金錢，但重金錢；雖不是唯愛情，又重愛情；既不是唯理想的，也不是唯現實的，反映了現代女性既不能徹底拋棄古典的愛情至上精神，也不能完全擺脫現代的重實利，追求物質享受的矛盾心態，或說是想對這二者取其優的一種中和態度。

　　作為一個獨立的知識女性，林展翹雖然有本事使自己過上較豐裕的中產階級生活，但自謀生計的艱辛使她活得很累，她渴望男性的征服，渴望在男人的庇護下過上輕鬆舒服的日子。但現實中讓林展翹合意的男人實在太少，正是出於這種怨恨，林展翹對男人永遠嘴角掛著冷笑，出言不遜，格外地尖刻惡毒。不過，林展翹還沒有把世上的男人全部蔑視乾淨，她終於碰上了一個理想的男人：何德璋是個高級建築師，有幢面海的小樓，他的個性堅強有力、大方、周到、瀟灑，有著男人的優點與缺點。可命運弄人，正當林展翹準備辦婚事，為自己從繁忙單調的教學生活中解脫出來而暗暗得意的時候，何德璋的前妻回來了，林展翹的美夢破產了。「任何條件比較好一點的男人都

滑不溜手」,這是林展翹對自己命運的無可奈何的慨歎,她不得不重新走上自謀生計的獨立之路,反映了知識女性一方面欣賞自己的獨立,另一方面又渴求庇護的矛盾心態。

亦舒通過林展翹這一形象揭示了獨立女性所面臨的困境。她不是簡單地告訴婦女,「工作著是美麗的」,向婦女預言走出家庭的黃金世界,而是十分真實地揭示了婦女走上社會後的勞累和疲倦,想回到家庭,返回傳統而不能的兩難處境。

亦舒懂得女人渴望保護,渴求歸依的天性,但她看透了這個世界,以一個飽經人間滄桑的女性經驗,冷酷而清醒地打破了女人對男人的幻想。她告誡婦女,在這世界上,不是你不喜歡的,靠不住的,就是你抓不住的,所以只能依靠自己。儘管婦女獨立的道路充滿了苦惱和艱辛,但無退路,這不是你喜歡不喜歡的事,而是別無選擇。亦舒以一個現代人的經驗進一步豐富和發展了五四以來婦女解放的主題。

亦舒的創作方法基本上是傳統的,注重情節和人物性格的塑造,尤其擅長通過人物對話的手法展現人物的個性,因而她的作品具有著較強的戲劇性。在《獨身女人》中,小說的敘述者即是女主人公,她那老姑娘式的看破紅塵,尖酸刻薄而又冷靜清醒的處世方法,使小說從始至終貫穿著一種揶揄嘲諷的語調。女主人公不僅揶揄傷害周圍的世界,也揶揄傷害自己,使人感到處處有一對「永遠疊著手只看人做戲」的眼睛在無情地注視著忙碌而無為的人生,把人的任何一點偷巧的得意和竊喜都變成了無可奈何的苦笑。唯有一點是真的,即你必須依靠自己的力量,走你自己的路。在《獨身女人》中充滿了大量的對話,使人物性格得到了活靈活現的生動表演,比如小氣的凌奕凱為接近林展翹而請她出去吃飯,但林展翹一句「我怕付帳」,就刺到了凌奕凱的最痛處,既在凌的慷慨舉動中,揭露了他的斤斤計較和訕訕不知趣,也突出了林的尖刻。小說的情節發展也很有戲劇性,林展翹與何德璋由吵架,最後到相知,以至要結百年之好,當讀者預料將出現傳統的大團圓結局時,突然直轉急下,何德璋的前妻回來了,把喜劇變成悲劇,使一貫輕鬆調侃的語調一下子變得悲涼而苦澀,而這最具戲劇性的地方又恰恰是最真實的人生的常態。

原收入《當代中國文學名作鑒賞辭典》,遼寧人民出版社,1992 年

詩與真的糾結
——鍾曉陽的《停車暫借問》

《停車暫借問》第一部《妾住長城外》於 1981 年同時連載於臺北《三三集刊》、《自由日報》，以及香港《大拇指月刊》；第二部《停車暫借問》於 1982 年連載於臺北《聯合報副刊》、《世界日報》，以及《香港時報》；同年《聯合報副刊》、《世界日報》又連載了第三部《卻遺枕函淚》。

鍾曉陽發表這部長篇小說時，只有十七八歲，可以說豆蔻年華便名噪港臺，她的早慧才氣竟使人擔心，怕她是個早夭的天才。由此可見，她給人們的震撼力是多麼的強烈。為寫這部長篇，鍾曉陽曾隨媽媽由香港回東北，實地體驗故事發生地瀋陽撫順的風土民情。不過，這部小說的價值並不在於它寫實的逼真和典型，而在於它從中國古典詩詞中活化出的境界，在於它寫意的空靈和神韻，以寫意而傳達出的純而又純的感情。

我們不必驚奇以鍾曉陽的年紀憑什麼去掌握四十年代動亂中的一段愛情，鍾曉陽的得天之幸是「有仙緣在中國詩詞的養育裏呵護長大」。讀《停車暫借問》讓人有一種畫中人走下來，活起來了的感覺，作者把中國古典詩詞所表現的閨情，一闋長短句所勾勒出的仕女圖，變成了有血有肉可感可觸的人物形象。女主人公趙寧靜不由會讓我們想起李清照筆下的那個閨中人：「蹴罷秋韆，起來慵整纖纖手。露濃花瘦，薄汗輕衣透。見有人來，襪剗金釵溜，和羞走。倚門回首，卻把青梅嗅。」作者秉承了我國歷代才女訴閨情的傳統，把一個萬古不變的主題作得仍是曲折盡人意，精力彌滿，賦情獨深。

《停》化得了一種深靜的詞境，表現了一種高貴的單純，這種純而靜的

境界正是我國閨秀派才女讓人拍案叫絕，歎為觀止之處。從我國古典詩詞的表現手法來看，這種境界往往是通過「隔」來造成的。比如閨牆、庭院、簾幕、明月、黑夜、風雨等，都是造成「隔」的條件和因素，以此取得隔簾看月，隔水看花的效果。《停》深得「隔」的关感作用，其景致大都是在距離化間隔化條件下誕生的美景：槐葉密密輕輕庇蔭著的兩扇獅頭銅環紅漆大門，猶如古典詩詞中的閨牆，把女主人公藏於一塊幽閉絕塵的小天地。明月下幽淡的小景，黑夜籠罩中的燈光街市，白雪覆蓋著的河套樹木，猶如簾幕遮掩下的中國畫堂，在靜默裏吐露光輝，由靜而見深。當然，高貴的單純和深靜的境界僅僅靠外部物質條件造成「隔」還是遠不夠的，更重要的還是心靈內部的「空」，需要精神的淡泊，脫盡塵滓的心襟去點化這些景致，賦予它們以靈氣。

所謂「空」在於空諸一切，心無掛礙，和世務暫時絕緣。因而精神的淡泊是「空」的基本條件。就中國傳統的表現手法來說，又往往是與「閒」聯繫在一起的。趙寧靜的三段戀情所以寫得那樣冰清玉潔，脫盡塵滓與這是分不開的。像古典詩詞中的閨中人，大觀園中的女兒們一樣，趙寧靜的生活迥絕塵世，看書、下棋、填詞、玩耍……閒而嚴靜。她的愛情完全發乎情，與功利名祿毫無沾滯。她的第一個情人，儘管是敵對的日本人，但他們一見鍾情，完全是天性使然，顯示了超凡的生命對政治、國家、民族等一切人間藩籬的否定。而反過來，最終超凡的愛情並未能戰勝這人世的障礙，生命境界的廣大不僅有愛，也包含著政治、國家、民族這些因素，生命的深處隱藏著最深的矛盾和複雜的糾紛，也正是這種矛盾和糾紛顯示了生命的充實和它的悲劇。趙寧靜的第二次戀愛也全與世事無干，她如一個避風港，或者就是天性的象徵，所以儘管趙爽然世務纏身，但只要與寧靜在一起，他就會脫盡塵滓，飄然若仙，他們的愛情世界是從塵世超升出的一個亞當與夏娃的伊甸園。然而愛情也是同樣矛盾和複雜，它需要超凡入聖，也離不開同甘共苦的相伴和知心，所以當寧靜一旦意識到現實中的趙爽然竟是一個她不認識與她無干的人時，就「搗心搗肺的不甘」，他們的伊甸園也就崩潰了。在小說的第三部，趙寧靜和趙爽然儘管都歷盡滄桑，趙寧靜對趙爽然仍是一往情深，但她熾熱的幻想敵不過趙爽然為她務實的考慮，趙爽然最終忍痛犧牲自己，也犧牲了趙寧靜的重圓愛情之夢。趙寧靜的魅力在於她的空靈和純情，正像「人類一思考，上帝就發笑」一樣，她一像大人那樣去考慮問題，就要受到命運的酷

刑和玩弄。不知這是否是處於入世邊緣年齡的作者的預感？抑或擔憂？也許是悲歡和無奈。

《停車暫借問》成功地把中國古典詩詞的意境和技巧引入小說領域，它的情節發展多是由情景父融的場景連綴而成，以如此長的篇幅，始終貫穿著詩情畫意，彌滿著空靈的意境，在五四以來中國現代抒情小說流脈中無疑又是一枝令人驚歎的奇葩。

原載《香港文學》，1992 年 2 月，第 86 期

第三者的困境
——施叔青的《愫細怨》

  施叔青的系列小說「香港人的故事」是具有強烈的現實性和批判性的作品。也許因為作者「外來人」的身分，她能夠更敏感更清醒地抓住香港這個高度商業化了的國際性大都市的本質，能夠更不留情面更激烈地進行批判。《愫細怨》作為其中的一篇，同樣具有著這樣的批判現實主義主題。

  小說通過對愫細與其情夫的關係描寫，揭示了人格被物化，情感被物化的香港人的生存狀態，以及把一切商品化商標化的香港社會。愫細本來是個十分純情的女孩，曾手指套著細樹枝圈起的戒指一往情深地與她那位美國夫婿訂婚。可自從她回到香港，與丈夫離異而和洪俊興結識，也就是開始與香港同化以後，就一點點地被高級餐廳、世界名牌堆砌了起來，最後發現自己的人格和價值不過是一具肉體，一副寶石耳環。儘管愫細不論作為一個女人，還是作為一個人，都不僅具有著獨立生活的能力和人格，也具有著高度精神化了的素質和修養，但當她把自己和洪俊興聯在一起後，對方向她索要的就是肉體的快樂，換取這種快樂的方式就是金錢，那麼愫細所具有的比洪俊興更優越更高級的精神世界也就無從體現，離她而去。她對洪俊興費盡心機的改造始終脫離不了物質的層次：外表更體面些，舉止更優雅些。洪俊興可以說是香港社會的人格化，在一個只會以金錢換取一切的社會，被換取的對象也就只能是金錢的標碼。這正是愫細的不可抗拒的悲劇，是《愫細怨》比一般批判現實主義作品的更深刻之處：它不僅說明金錢使人墮落，也揭示出這種墮落的必然性。

　　《慄細怨》的意義還不僅於此，作為一個具有著多層意義的結構，它還暗含著一個哲學性質的層面。慄細與其情夫的兩性關係包含著人與人之間關係的最基本類型，這也是存在主義哲學的一個基本母題。性關係是人與人之間不用任何中介的一種直接聯繫，因而能夠赤裸裸地反映出人與人之間的本質關係。兩性的結合包含著一種與人合為一體的努力，正像人與人努力相統一一樣，但一個整體之成為一個整體是由於其中只有一個意識，即只能有一個自由。當慄細希望佔有對方，而與之結成一個整體時，對方的自由就成了一個逾越不了的障礙。儘管洪俊興的妻子是「拖帶著子女到街市後的小攤子買恤衫、內褲、和小販為一元五角爭得面紅耳赤的那種」，但慄細戰勝不了洪俊興要做他盡責任的丈夫的意識。儘管她找了一個「處處比自己差勁的男人」，仍無法全部擁有他。這樣，消除不了他人的意識和自由的憤怒就引發了隱藏在人的內心深處虐待狂的衝動。慄細撒野地打罵洪俊興，正是這種無法佔有他人，無法消滅他人自由的無可奈何的發泄。在兩性關係中，當一方無法佔有另一方時，為了達到結成一體的目的，另一條出路就是設法消除自己的意識和自由，這也正是慄細所做出的又一種努力。她一度聽隨洪俊興的擺佈，由他引領著出入各種高級餐廳，由他用金山銀山把她堆砌起來，但慄細終也消滅不了自己的意識。她清醒地發現自己「為他的存在」就是身體，就是物質，就是一個掛在洪俊興胸前，標明他身分地位的商標，這又是慄細所不能忍受的。小說最後寫到慄細反省自己的被物化，噁心得「用盡平生之力大嘔，嘔到幾乎把五臟六腑牽了出來」。慄細與其情夫之間的這種既不能消滅他人的自由，也不能取消自己的自由的關係，十分形象地表現了人與人之間的一種解決不了的衝突，存在主義的「他人是地獄」的真正含意也正在於此。每個人都是自由的，人無法支配他人，也無法使自己絕對受他人的支配。

　　小說以第三人稱的限制性視角非常真實而深刻地描寫了慄細在與洪俊興的性關係中，對人的生存狀態的體驗，她對洪俊興既厭惡又需要的混合反應正是人的那種「粘滯的」存在狀態的反映。

原載《香港文學》1992 年 2 月，第 86 期

善與惡的「眞相」
——辛其氏的《眞相》

辛其氏的《眞相》是一篇能夠給人以強烈震撼的小說，但若追問起這動人心魄的力量究竟來自何處，又難以一語中的。也許是由於這篇小說寫得比較抽象，具有著多重意義的暗示和啓示，所以可以多方面地接近和挖掘它意義的寶藏。

程雨和程雲這一對孿生姐妹的關係在這篇小說中形成了兩項對立的基本結構，她們之間所進行的有你無我的不能並存的「爭鬥」是這篇作品的基本形式。這樣，我們無妨從這一形式去窺視《眞相》的意義。

程雨和程雲從小到大都爲著一切事物相爭打鬥嘔氣，儘管姐姐心地善良，性格軟弱，但面臨威脅到自己的至關利益時，也不能不爲了自身的幸福「不再退縮」。程雨和程雲的生存處境反映了人在社會中存在的兩個極端：一個生來就處於受寵擁有的地位；一個生來就要去爭寵，去從別人手裏奪回自己也該享受到的權利。她們的處世態度也代表了人性的兩個極端：姐姐程雨在人世爭鬥中，盡可能地容忍別人的進逼，採取了一種退縮和逃避的態度，甚至認爲如果別人因爲她的吃虧而得著了好處，未嘗不是她生存的價值，這顯然是人類文明所一貫標榜的「善」的一面；而妹妹程雲則是專搶別人手中的東西，對拱手相送的不屑一顧，「我得不到的東西，必教任何人也同樣得不到」，這顯然是人類文化所一貫批判的「惡」的一面。儘管作者對程雨和程雲的善惡分類很模式化，但對善惡的態度卻不是從固有的道德觀念出發，而是從人的生命力的角度對善與惡的力量重新進行了觀照。

妹妹程雲儘管「惡」，但充滿了一股原始的力量，赤裸、粗獷、新鮮，令人難以抗拒，讓人情願為了她而毀滅自己；姐姐程雨儘管「善」，但面對惡卻暴露了人類理性的全部軟弱無力和虛假。正如妹妹程雲在最後的信中所揭露的「你對我的忍讓無疑是從你所受的過剩的愛中予以施捨」；你的所謂愛心，「無非是要成就自己的完美」，這也正是這篇小說所要揭示的「真相」之一。與「善」相應的不再是「真」，而是「假」；與惡相應的不再是「假」，而是「真」，這一與固有價值觀念的錯位，也許是這篇小說獲取震撼人心效果的原因之一。在程雨、程雲與郭祖民之間所構成的三角關係中，反映了人與人之間無法共存的爭鬥關係。

也許可以把郭祖民看作是人類所共同追求的幸福的象徵，無論是以惡的手段，還是以善的方式，最終的目的都是為了得到「他」，而爭鬥的結果又只能是破壞毀滅「他」。這就是人類所面臨的尷尬處境：為了幸福，不能不互相爭鬥，而爭鬥又必然毀滅幸福，爭鬥沒有出路，忍讓、退縮也毫無價值。聯想到作者在另一篇小說《青色的月牙》中所揭示的殘酷事實：文明世界中所進行的你爭我奪與蠻荒大自然中所悄悄運行的弱肉強食的規律，正有著無奈的相似。大概這也是作者剝掉種種文明的「美詞和藉口」，所看透的人世的「真相」。

姐姐程雨最終「捨身成仁」，向善趨於極端，也即泯滅了人生的一切欲求，這種人生方式也無異於她的自投囚牢。當然，需要說明的是作者對於程雨的「善」，也正如對程雲的「惡」，並未完全採取批判否定的態度，儘管人世的爭鬥是絕對的無情的，但人類的善心和愛心仍像程雲身上所迸發的生命力一樣，不失為一種理想，一種在冷酷的人世中慰人或自慰的精神。事實上，每一事物為另一事物而存在，也正如它們之間的爭鬥一樣無奈，不論自覺與被迫，這種關聯也是不可避免的，正如小說一對主人公的名字雲與雨的關係所隱喻的那樣。程雨和程雲的爭鬥，最終不是程雨自覺為程雲犧牲，就是程雲被迫為程雨犧牲，二者沒有調和的餘地。程雨和程雲雖一樣外表，但兩副心腸，或者也可以說，雖兩副心腸，但一樣外表，她們之間的相反相生，相輔相成造就了人世的風風雨雨，其利其弊，其益其害，誰能廓清，又誰能逃避。

《真相》的意義是難以盡述的，從心理學、教育學、社會學的角度都可找到富有啟發性的意義內容。小說的敘述方法也很巧妙，開篇就以姐姐程雨的內心剖白和追述設下懸疑的「扣子」，使姐姐程雨為什麼要把這件不幸事延攬到自己身上？到底發生了什麼樣的不幸事的疑慮緊緊抓住讀者的心。而且

由於小說的敘述者始終是姐姐程雨，她如何想的如何做的非常清楚，而對妹妹程雲讀者卻只知她如何做的，不知她如何想的，直至最後程雲的來信，才揭開了她之所以惡、以及作惡的理由。事件的「眞相」與意義的「眞相」同時暴露，從而產生了多重的，幾倍的震撼人心的力量。

原收入《當代中國文學名作鑒賞辭典》，遼寧人民出版社，1992 年

橘子落了，又紅了
——琦君的《橘子紅了》

　　我常覺得讓人動心的作品，要麼走在時代的前頭，要麼落在時代的後面。讓人動心的女人是否也是這樣？臺灣女作家琦君的中篇小說《橘子紅了》，當屬後者；《橘子紅了》中的女主人公秀芬，也當屬後者。秀芬和她所處的那個時代一樣，都是過了時的，但秀芬和那個過了時的時代不一樣，她有一份過了時的美。

　　我常對這種過了時的美仍能感動人，有些困惑。這讓我不由又想起沈從文《邊城》的翠翠，蕭紅《小城三月》的翠姨。這些女主人公的不幸命運，在張揚主體性的今人看來，除了那個罪惡的時代，也可以說是她們自己的性格悲劇。但她們恬淡、平靜、隨命的生活態度與她們質樸、純潔、善良的品質一起，構成了被作者讚美的一種自然的生存狀態。

　　在《橘子紅了》中，作者以「橘子紅了」這一意象貫穿始終，而與女主人公的命運相契。當桔園的橘子還跟豆子似地又青又澀的時候，小說敘述者「我」，就代大媽給大伯寫信，告訴他「橘子快紅了，請他回來嘗新」，以召回在外面已討了二房的大伯回家與鄉下姑娘秀芬圓房。在這裡，強化爲了子息的婚姻與「橘子快紅了」的暗語；秀芬「要跟一個像她父親一般老的男人過一生，卻又不能經常在一起」，只能像大媽一樣守活寡的悲劇前景又同青澀的橘子，都形成了一種暗示性的聯繫。而「橘子一天天長大了」，「一天比一天紅了」，又與婚期漸近，「秀芬一天比一天美麗活潑起來」，構成了一種持續性的比喻性描述。當六叔走入秀芬的心田，橘子還「未成熟」，暗示出他們之間的那種朦朧感情，注定要像「瘰丁橘」一樣被採下，「以讓大桔子長得更紅

更肥碩」。秀芬像大媽一樣「一雙、兩雙、三雙地數桔子」，影射著她們共同的期待和命運。正是「橘子成熟、紅透的時候」，秀芬如期圓房成親了。儘管老夫少妻，秀芬仍獲得了她所應享的那份幸福，秀芬為大伯剝「最最鮮紅的大橘子」吃，一個一個的橘瓣正代表了秀芬的心香和她的奉獻。大伯走後，秀芬真有身孕，又是通過「橘子已愈來愈胖了」的暗語，傳達喜訊。最終秀芬因害怕被二姨太強行帶走，不愼流產而身亡。此時「桔樹上已沒有一個桔子，樹葉也脫落得光禿禿的，泥土裏還零零落落掉有幾枚橘子，灰撲撲的早已腐爛」。

秀芬的命運與桔子生長、成熟、殞落、腐爛的意象緊緊地持續性地貼合在一起，而組成這篇小說的隱喻性結構。與一般的「擬人」修辭格正相反，它是以人擬物。這種比擬關係不僅營造了敘事抒情小說的氛圍，也通過一再重複突出了主題意象，加深了秀芬的自然存在狀態的印象。

我們可以說，秀芬是被大伯、大媽、二姨太殺死的，但在那個過了時的時代，他們都沒有罪，這也是作者用心良苦、與眾不同之處。即使不是為了子息，大伯也合理合法三妻四妾；大媽為了成全丈夫，並且是奉丈夫的旨意為他選妾，更無可厚非；二姨太也並未直接加害於秀芬。要說罪惡，只能說所有人都生存在一種罪惡的境遇中，那個該詛咒的過了時的罪惡年代。秀芬在這個罪惡時代中，必然是悲劇性的，她與那些向自己的悲劇命運挑戰的英雄偉人不一樣，她承擔命運的安排，無怨無尤，正像大自然接受造化。在前者身上，我們可以體會到人類面對悲劇所激揚的一種「壯美」精神；在後者身上，我們也可以體會到人對自己的悲劇命運所採取的一種「淒美」的接受方式。兩者風格不同，但反映了人類兩種不同的行為方式和存在狀態，都傳達了人類對生命的悲劇意識。

今天，我們可以說，那個過了時的罪惡的時代一去不復返了，但人類的悲劇命運卻沒有改變。在大自然、社會背景中，人在這注定的懸殊對立中，注定的悲劇命運面前，只能或是拒絕，或是承擔。秀芬、翠翠、翠姨都順其自然，甘心情願服從命運。在她們的毀滅中，寄託著人的共同的哀憐，也保留著人類在不可抗拒的悲劇面前所秉承的一種靜穆的美。人類命運的永恒悲劇決定了這種美的永恒性質。

《橘子紅了》寫的是一個古老的故事，一個古老的棄婦素材，但琦君以全然不同於人的情感和態度講述這個古老的故事，加工這個古老的素材。凡

讀過琦君的散文都會想到，大媽、秀芬的棄婦命運與琦君的母親，大伯與她父親的聯繫。我覺得琦君傾其一生為母親「樹碑立傳」，決非僅僅是想讓世人瞭解她母親的屈辱和痛苦，博得他們的一掬眼淚。更深的，也許是不自覺的動力是要讓世人看到並認同她母親的價值，讓母親的形象放射出永恆而神聖的光環，照亮人間，以告慰母親的在天之靈。

琦君講述的是一個古老的故事，塑造的也是古老的形象，她以對人生的普遍性的參悟，對人的悲劇命運的體悟以及人在這個不可把握的命運中，可把握的人生態度，接通了現在與過去的一種共同精神，消除了現在與過去的距離。這種精神是古老的，但不是過了時的；是無奈的，但不是屈辱的、卑下的。它有美，並會與世長存。

或在人間，或在書中，琦君的母親、大媽、秀芬都已逝去，但她們所共同具有的一種美，在琦君的筆下得以復活，並永存。

橘子落了，又紅了。

原載《文學自由談》1994 年第 4 期

後　記

　　李怡教授爲編「民國文化與文學叢書」向我約稿，我也正想將自己二十幾年來陸續寫出的有關作家作品的評與論輯錄成書，當時我們商定名之爲「民國時期作家作品論集」。在我看來，文學史的框架無論怎麼變，作家作品總應是我們聚焦的核心。

　　但待我將散落的文章收錄到一起時發現，我無法將當代的大陸作家和香港作家研究的部分裝進「民國」這個筐裏，而且細一想，「民國」畢竟不是個長時段，以此切割或定位作家會很受限。

　　近些年來，一批學者在大力倡導將中國現代文學史命名爲「民國文學史」，對這一稱謂或概念的呼籲，我想是有助於中國現代文學的敘史更多地關注民國的政治、經濟和文化，爲新文學的發生發展廓清一個一向被壓抑而模糊不明的民國歷史場域的。雖然我沒有在這方面做過研究，但我總是對新文學橫空出世，或幾個大學教授僅憑一個雜誌振臂一呼就應者雲集，改天換地的史論難以確信無疑的。根據我們經歷過八十年代人的經驗，人文知識份子也曾一度幻覺一個「文學獨立」，「思想解放」「新時期」的到來，但現在還是看得比較清楚了，沒有一個黨的方針政策以及社會轉型的需要，八十年代文學根本不可能發生。文學從來沒有，也不可能遺世獨立。

　　新文學的發生發展也是與現代中國政治的訴求分不開的。我們可以看與民國建立相關的幾個簡單事實：

　　1912 年 1 月 1 日中華民國成立的同時，孫中山就宣告把「民族之統一、軍政之統一、內治之統一、財政之統一」之一系列統一大業列爲臨時政府的主要任務，旨在語言之統一的國語運動，白話文運動當爲「民族統一」不可或缺的指標。

　　1 月 3 日，南京臨時政府成立，蔡元培被任命爲教育總長，他上任不久就於 2 月 11 日在《臨時政府公報》第 13 號發表《對於新教育之意見》，明確闡

釋了共和時代之教育與專制時代之教育的不同，指出過去「教育家循政府之方針，以標準教育，常爲純粹之隸屬政治者。共和時代，教育家得立於人民之地位，以定標準，乃得有超軼政治之教育」。但他又並不爲突出共和時代教育的「超軼」政治性而偏廢其政治性，在他提出的今日共和時代必須進行的五種教育中，前三種都爲隸屬於政治者，即軍國民教育、實利主義教育、公民道德教育；後兩者世界觀教育和美感之教育才爲超軼政治之教育。由此可見，陳獨秀在《新青年》創刊號發表《敬告青年》發刊詞，「涕泣陳詞」之一，所謂「實利的而非虛文的」，並非空穴來風。

1月19日教育部頒行《普通教育暫行辦法》，規定教學內容必須合乎共和民國的宗旨，清朝學部使用的教科書，一律停止使用。並明令廢止小學讀經科。蔡元培認爲「忠君與共和政體不合，尊孔與信教自由相違。」後來，雖蔡元培爲反袁被迫出走法國，袁世凱一死便被電召回國，出任北京大學校長，他在北大的作爲當是他出任民國教育總長時對共和教育設想的踐行。事實上，不僅《新青年》一班人馬的彙聚有賴蔡元培的因緣，其反孔教，主張民主和科學，高張文學革命的大旗，倡導文學革命的三大主義，所謂建立平易的，抒情的國民文學；新鮮的，立誠的寫實文學；明瞭的，通俗的社會文學都出自共和民國的宗旨。

3月11日《中華民國臨時約法》頒佈，總綱規定：「中華民國由中華人民組織之」，「中華民國之主權屬於國民全體」，國民有人身、財產、言論、通信、居住和信教等自由，有請願、選舉、被選舉的權利。」

5月3日 教育部下令將京師大學堂改名爲北京大學。可見，新文學的大本營就是民國的產物。

下面事實主要涉及國語運動，黎錦熙在他1934年出版的《國語運動史綱》中，早有翔實敘述，近些年來學界也多有討論，之所以羅列不是因其稀有，恰在其常識性。

1913年2月15日 教育部在北京召開全國讀音統一會，爲推行國語，制訂注音符號。

1916年10月 由教育部黎錦熙、錢玄同、彭清鵬等人提倡，國語研究會成立。次年在北京召開第一次代表大會，推蔡元培爲會長。據黎錦熙所說，他們教育部幾個人因受袁世凱稱帝的刺激，在帝制推翻，共和回復之後，痛感「大多數國民以不通文義之故，於國家政治絕無所知；一二人操縱之，雖

有亡國敗家之禍，弗能喻也。」爲避免「『民意』二字，又將爲少數人所僭奪，
眞正之共和政治，亦終不可得而見」，他們思來想去，認爲「最緊迫而又最普
遍的根本問題還是文字問題」，因而相約各人做文章，來極力鼓吹文字的改
革，土張「言文一致」和「國語統一」。其影響所及，連遠在美國的胡適也寄
來請求加入該會爲會員的明信片，由於這張明信片不僅是第一個請求入會的
申請，而且使用的是白話，被看作是「天大的怪事」而珍藏。

可見，文字改革的動因與共和政治息息相關。事實上，西方教育的普及
同樣有賴於民主政治的需求，因爲文盲不具備選民的資格。甚至包括清末提
出「國語統一」的簡字運動，其目的也是將來實行立憲，「凡不識漢字而能識
此簡字者，一體准作公民」。所以，黎錦熙將民國政府所致力的「國語統一」
和《新青年》倡導的「文學革命」看做是一場「雙潮合一」的聯合運動當更
爲接近歷史的敘述。若從人事上看，甚至可以說是難分朝野，都屬於共和政
治訴求下一盤棋中的行爲。據講，1919 年國語研究會已增至 9808 人。

1918 年 11 月 23 日　教育部「鑒於統一國語，必先從統一讀音入手」，「爲
將來小學國文科改國語科之預備」，公佈注音字母。

1919 年 3 月　作爲教育部一個附屬機關的「國語統一籌備會」組織成立，
以承擔相關行政方面事宜。其會員大多爲國語研究會的會員，也爲《新青年》
的支柱，或新文學家，如錢玄同、胡適、劉半農、周作人，後陸續又延聘蔡
元培、趙元任、沈兼士、許地山、林語堂等。

1919 年 9 月，《國音字典》初印出版。12 月 24 日，教育部以訓令正式公
佈《國音字典》。

1919 年 8 月，第一部小學國語教科書《新體國語教科書》八冊由商務印
書館搶在教育部通告之前出版，以致黎錦熙也讚歎「出版界是眞能得風氣之
先」。

1920 年 1 月 24 日，教育部通過劉半農、周作人、胡適、朱希祖、錢玄同、
馬裕藻等在 1919 年「國語統一籌備會」第一次大會上提出的將「國文讀本」
改爲「國語讀本」等《國語統一進行方法》的議案，訓令全國各國民學校將
初等小學四年國文改爲語體，正其科目名稱爲「國語」。正如胡適所言：「這
一道命令，把中國教育的革新，至少提早了二十年。」

1922 年 10 月 21 日，教育部又進一步訓令各省：凡師範學校、中學校、
甲種實業學校、國文科講讀，文言文與語體文並重。

　　也許有人會說，新文學運動最大的功績在於思想革命。不錯，但我們也要看到，文字改革和思想革命也有著水到渠成的關係，更何況二者皆發端於共和政治意識形態的要求。作爲倡導「人的文學」之重要組成部分，周作人發表於 1920 年 12 月 1 日《新青年》第 8 卷第 4 號上的《兒童的文學》一文，即爲 10 月 26 日在孔德學校的講演稿。孔德學校向被稱作是北大的子弟學校，其時蔡元培任校長，可說是近水樓臺先得月，在北京最早採用注音字母並自編國語讀本。所以，周作人開宗明義稱他所講的「兒童的文學」，換一句話便是「小學校裏的文學」。也就是說，他是爲如何更好地推行落實教育部明令小學改國文爲國語的部署而談。其時坊間出版了幾套國語教科書，但大都不過是舊文言本的翻譯本，內容並沒有改變。周作人正是針對於此，第一個提出了應「依據兒童心理發達的程式與文學批評的標準，於教材選擇與教授方法上，加以注意」，「兒童應該讀文學的作品，不可單讀那些商人杜撰的讀本」問題。自周作人「兒童的文學」的倡導，才使小學教科書和課外讀物得到根本性的改觀，《兒童世界》《小朋友》，以及各種兒童文學叢書布滿書肆，獲得了政府與社會的共同回應。不僅中小學各科課程綱要明確規定「小學讀本，取材以『兒童文學』（包含文學化的實用教材）爲主」，而且 1922 年商務印書館出版的《新學制國語教科書》，初小用的已幾乎完全採用兒歌、童話、民謠、寓言之類做材料，教育部審定後大加褒獎。此時周作人的身份不僅是北大教授、《新青年》雜誌的編輯，也是國語統一籌備會的重要會員，大力推動了小學校改國文爲國語的變革。而且周作人也充分認識到國語研究會及統一會的重要作用，坦承他以前要倡導兒童文學，「因爲漢字困難，怕這事不大容易成功，現在有了注音字母，可以不必多愁了。」

　　由此可見，新文學革命與國語運動的倡導的確是相輔相成，周作人倡導兒童文學與國語運動及民國政府的這層關聯即可作爲一例。但問題是有關於此的情況無論在以前的周作人傳記，還是年譜中都沒有得到呈現，衹是作爲他主張思想革命，人的文學的組成部分。這還不僅是個例，整個有關國語運動的貢獻至今沒有寫進中國現代文學史，顯然這不是因爲史料的缺失，而是敘史的框架和意識對之做了剪裁。所以從這點上看，「民國文學史」概念的提出起碼具有著將新文學置於民國歷史場域中的積極意義。

　　但另一方面也要看到，與中華民國作爲一個政治的歷史單位相適應，「民國文學史」大概只能從辛亥革命開始到中華人民共和國的建立爲止，且不說

如何處理臺灣文學的問題，這個框架顯然不利於近些年來拓展中國現代文學學科範圍的努力。

雖然將中國現代文學史發端前移至十九世紀末的觀點得到不少學者的認同，但堅持新文學革命為其開始的仍人有人在。其重要論據之一是認為晚清啓蒙強調的是「國家」「國民」意識，五四倡導的「人」「個體」意識才具有現代性。關於這個問題，我想藉此談點不成熟的看法。

過去我也是把國民意識與個體意識截然分開，經閱讀美國詹姆斯‧施密特編，徐向東等譯《啓蒙運動與現代性》一書，我發現在西方18世紀啓蒙思想家那裡，這恰恰是他們試圖從理論上回答「什麼是啓蒙？」的問題所遭遇的一個難以解決的悖論，他們所關注的人的命運難以調和的兩個衝突，可名之為啓蒙的悖論。

該書所收摩西‧門德爾松的《論這個問題：什麼是啓蒙？》明確把啓蒙分為「人作為人的啓蒙與人作為公民的啓蒙」，認為前者的啓蒙似乎偏向理性，是普遍的，沒有地位上的區分；後者是一種實踐，偏向社會，並隨著地位和職責而變化。而且他毫不迴避這兩種啓蒙的衝突，明確指出「某些對人之為人是有用的眞理，對於作為公民的人來說有時候可能是有害的。」康德在事先並不知道門德爾松觀點的情況下所做出的，對啓蒙問題最著名的回答文章中，雖然籠統地指出「要有勇氣運用你自己的理智！這就是啓蒙的座右銘」，認為公眾的啓蒙即在群眾中「傳播每個人為自己而思想的職責」，但一進入具體論述，也不能不區分理性的公共使用和私人使用的問題。他雖然一方面強調「自由，亦即在所有問題上都公開利用一個人的理性的自由」，另一方面也承認政府需要某種機制，「可以通過一種人為的一致把他們引向公共的目的」，這樣的一個機制「一定不允許爭辯；而人們必須服從」。最終，他也不能不慨歎當我們從人類事務的整體上加以考慮時，「幾乎在它之中沒有什麼東西不是悖論性的」。

由此觀之，不妨把中國清末時期的國民啓蒙，或者說是「新民」啓蒙，與五四時期的人的啓蒙，個人啓蒙都納入現代中國的啓蒙傳統，其不同正代表了和西方啓蒙運動一起誕生的啓蒙悖論的兩個方面，或者說是啓蒙的兩張面孔。而中國啓蒙運動所具有的這種階段性反映了不同時期的中國為應對和解決自己的問題，或旨在反抗帝國主義侵略，或重在反對封建專制復辟，對啓蒙思想兩張面孔的不同借力。國民啓蒙和個人啓蒙正是現代政治需求於公

民所要具備的兩副面孔。中國現代啓蒙的發生發展與建立維護現代共和政治的訴求是緊密聯繫在一起的。在爲此而奮鬥的晚清和五四這兩代作家中，似乎只有魯迅在思想的深處經歷了啓蒙悖論之不可調和的精神痛苦，大多數知識份子或者無視這一悖論，或者偏於一端，或者求助於一致性的邏輯。中國的思想啓蒙更偏重於針對現實社會的問題而拿來的解決方案，而不那麼傾向理性的思考。

總之，從現代中國啓蒙運動的發展來看，「民國文學史」的框架會因其過於明確的政治歷史單位而受到限制，再加上前面所說「作家研究」的侷限問題，還要考慮到學科的範圍時段宜長不宜短的問題，我覺得「民國文學史」可以作爲 20 世紀中國文學史，或現代中國文學史的一個重要斷代史，或組成部分，雖然時間遲早會把這兩個概念漲破，但目前還是更具有彈性，更合用的文學史框架。「民國文學史」的重要意義在於提出了現代文學研究應回到民國歷史場域的問題，新文學是在民國之中，而不是在民國之上發展起來的，值得我們返回歷史現場進行悉心考掘和重新認識。

本書收錄了我從 1985 年起訖於今的解讀和研究現代中國文學作品的文章，雖然大都出於爲學位、爲朋友、爲講課而作，但又都是因感動、因啓示、因疑惑而探究的產物。今年是我大學畢業三十年，想想這多年來，這些現代作家和作品吸引了我，使我坐定在書桌旁，與他們朝夕相處，神心交集，生活中的朋友還真沒有一個像他們這樣讓我思慮。讀作品我總是要從中讀出作家來，才覺得踏實，而讀出作家來的時候，往往又會觸到自己。如果說，作家通過作品表達自己，研究者大概是通過對作家作品的研究來隱秘地表達自己。因各種機緣，我閱讀的這些作家作品類型不一，也並非都爲我所鍾情，投入的心力也深淺不同，但我都是以同情之心去讀的，因爲我非常認同昆德拉的說法：「 小說是個人想像的天堂，在這塊土地上，沒有人是真理的佔有者，但所有人在那裡都有權被理解。」

本來不打算將這本超過「民國」範圍的現代文學作品細讀集給李怡教授了，但他強調「民國文學」的概念並不與「現代」相對立，相排斥，兩者之間毋寧是互補，豐富的關係。這個不太貼題的集子能被納入「民國文化與文學」叢書，也算是對「民國文學」與先在的「20 世紀文學」或「現代文學」概念之關係的一個示例吧。

2012 年 4 月 11 日於世茂奧臨花園